Die Bodenreform

Die Bodenreform

Eine
dogmengeschichtlich-kritische Studie

Von

Dr. Paula Gutzeit

Leipzig
Verlag von Duncker & Humblot
1907

Meinem Gatten

in tiefer Liebe und Achtung

gewidmet.

Inhaltsübersicht.

Erstes Kapitel.

Die geschichtliche Entwicklung und der gegenwärtige Stand der Bodenbesitzreform.

a) England, Amerika, Australien.

In seiner historischen Übersicht der Bodenbesitzreform, die er seiner Untersuchung „über Bodenrente und Bodenspekulation in der modernen Stadt“ [1] vorausschickt, will Adolf Weber eine scharfe Grenze gezogen wissen zwischen denen, die das Privateigentum am Grund und Boden aus sozialökonomischen und denen, die dasselbe aus naturrechtlichen Gründen in Abrede stellen. Es ist meines Erachtens diese Unterscheidung insofern undurchführbar, als die sozial-ökonomischen Argumente, mit denen in diesem Falle operiert wird, nicht nur in den ersten Entwicklungsstadien dieser Lehre, sondern auch später, nur als Ausfluß, als Konsequenzen der naturrechtlichen Prämissen erscheinen, wie denn überhaupt die ganze auf Reformen, sei es politischer oder sozialer oder ökonomischer Natur, ausgehende Bewegung des 17., 18. und 19. Jahrhunderts, zweifellos die naturrechtlichen Ideen als Basis hat, wie sie zuerst in den politischen Schriften Miltons (1608—1674), der lange vor Rousseau, vom Prinzip des Gesellschaftsvertrages ausgehend, eine demokratische Staatslehre entwickelte, formuliert waren. Ich würde die Unterscheidung in der Richtung vornehmen, daß ich eine Grenze ziehen werde zwischen den-

[1] Leipzig, Verlag von Duncker & Humblot.

jenigen, die nur aus naturrechtlichen, rein ethischen Motiven, instinktmäßig, möchte ich beinahe sagen, die Existenzberechtigung des Institutes des Privateigentums am Grund und Boden leugnen und denjenigen, die zwar von naturrechtlichen Prämissen ausgehend, doch das Gesamtgetriebe der wirtschaftlichen Kräfte, ihre Funktionen, ihre Folgen für die soziale und ökonomische Struktur der Gesellschaft, ihre äußersten Konsequenzen zu überschauen vermochten und von einem beträchtlich erweiterten, objektiveren Standpunkt aus, dieses Institut bekämpfen. Bei diesen volkswirtschaftlichen Theoretikern erscheint der Agrarkommunismus nicht als integrierender, untrennbarer Teil ihres allgemeinen sozialistischen oder kommunistischen Programms, denn als solcher findet er sich bereits in durchaus konsequenter Weise schon bei Godwin, Morris, Blathford und anderen, sondern als sich selbst genügendes Ideal, als medium proprium, das imstande ist, von Grund aus den sozialen Organismus zu sanieren, den vollkommenen Zustand herbeizuführen. Ich werde nur die zweite Kategorie bei meinem geschichtlichen Abriß im Auge behalten. Ich übergehe aus diesem Grunde die Bewegung der sogenannten „Levellers" im 17. Jahrhundert. Es war dies die politische Vertretung der unteren Schichten, die im Bündnis mit der Bourgeoisie gegen das Königtum und seine Alliierten, den Feudaladel und die Staatskirche, kämpften. Ihrer ganzen Psychologie nach radikal, stellten die Levellers unter Anführung von Gerard Winstanley und William Everard auch ein äußerst radikales politisches Programm auf, und vom Postulate der politischen Gleichberechtigung ausgehend, zogen sie daraus auch soziale Konsequenzen: merkwürdigerweise sollte nur der unangebaute Grund und Boden den Besitzlosen zugewiesen werden. Im Jahre 1649 machten sie in der Grafschaft Surrey den praktischen Versuch, diese Idee zu verwirklichen, wurden aber durch Militär auseinandergetrieben. Ich übergehe, wie gesagt, diese überaus interessante Bewegung, als unter die von mir charakterisierte Kategorie nicht fallend, wiewohl sie als typisches Beispiel dafür dienen kann, wie brennend die Landfrage gerade in England war, worüber an seinem Ort.

Als erster typischer Repräsentant dieser Kategorie ist wohl Thomas Spence anzusehen. In Newcastle-on-Tyne 1750 als Sohn eines Schuhmachers geboren, studierte Spence frühzeitig die englischen Naturrechtsdoktrinen und wurde überzeugter Republikaner. Die Grundeigentumsverhältnisse jener Periode in England waren derart, daß sie einen so radikal angelegten Geist wie Spence, mit eherner Macht dazu trieben, aus dem Prinzip der rechtlichen Gleichheit aller im Staatsleben auch die sozialen Konsequenzen zu ziehen. Den unmittelbaren Anstoß zur Befassung mit nationalökonomischen Problemen gab ihm der von seiner Vaterstadt geführte Prozeß über die Einhegung von Gemeindeland und die Verwendung der dadurch erzielten Renten, wobei das Gericht entschieden hatte, daß die vom eingehegten und danach verpachteten Gemeindeland abgeworfene Rente jährlich unter die Bürger von Newcastle verteilt werden sollte. In seiner ersten und zugleich berühmtesten Publikation, im Vortrag aus dem Jahre 1775, gehalten in der philosophischen Gesellschaft zu Newcastle, auf dessen Veröffentlichung hin die Gesellschaft dem Verfasser, Thomas Spence, wie er sich in der 1796 von ihm selber unter dem Titel „The meridian sun of liberty“ [1] veranstalteten Ausgabe desselben ausdrückt, „die Ehre antat, ihn aus ihrer Mitte auszuschließen“, entwickelt er folgende Gesichtspunkte: individuelle Okkupation des Bodens sei Usurpation, die keine Zukunft anerkennen könne. Eine ungeheure Ansammlung der Reichtümer und Macht auf der einen, eine immer weiter um sich greifende Verarmung auf der anderen Seite sei deren Folgeerscheinung. „Es kann jeder von ihnen (d. h. von den Grundbesitzern) auf Grund von Gesetzen, die sie selbst gemacht haben, jedes lebende Wesen zwingen, ihr Eigentum zu verlassen (was zum Jammer für die Menschheit nur zu oft in Ausführung gebracht wird),“ so daß folgerichtig, im Falle, daß alle Landbesitzer darüber einig und entschlossen wären, ihr

[1] 1882 wieder zum Neudruck gekommen und 1904 in der Adlerschen Ausgabe der Hauptwerke des Sozialismus und der Sozialpolitik in deutscher Übersetzung erschienen.

Eigentum für sich allein zu behalten, die ganze übrige Menschheit, wenn sie wollte, zum Himmel fahren könnte, denn auf Erden würde kein Platz mehr für sie sein. Und da dies mit dem natürlichen Rechte der Menschen in krassestem Widerspruch stehe, weil „die Gesellschaft nichts anderes sein sollte als eine gegenseitige Vereinbarung zwischen den Einwohnern eines Landes zur Aufrechterhaltung ihrer gegenseitigen natürlichen Rechte und Freiheiten“, so müsse der Grund und Boden den Gemeinden als unveräußerliches Eigentum übertragen werden, die durch öffentliche Versteigerung ihn auf je sieben Jahre in kleinen Parzellen verpachten solle. „Es wird feierlich von der ganzen Nation vereinbart, daß eine Gemeinde, die irgend einen Teil ihres Grundbesitzes entweder verkaufen oder verschenken sollte, mit demselben Abscheu und Entsetzen angesehen und ebenso behandelt werden soll, als hätte sie die eigenen Kinder in die Sklaverei verkauft oder mit eigenen Händen niedergemetzelt.“ Als erster, der bewußt die ökonomischen Phänomene in ihrem historischen Zusammenhang analysiert hat, will er den Grundherren sowohl für den Grund und Boden, als auch für die Meliorationen kein Entschädigungsrecht zuerkennen, da die ursprüngliche Okkupation auf einen Gewaltakt zurückzuführen sei. Am Ende der Schrift schildert Spence das ideale Gemeinwesen, das die oben entwickelten Prinzipien zu den seinigen machte, und kommt zur Überzeugung, daß dies der einzige Weg sei, die sozialen Schäden abzuschaffen, das natürliche Recht jedes einzelnen auf Existenz, das durch das Bodeneigentum illusorisch gemacht wurde, zu verwirklichen. Zur Idee der kollektivistischen Produktion vermochte sich Spence nicht durchzuringen — im Prinzip will er die individualistische Wirtschaftsordnung auf republikanischer Basis aufrecht erhalten. Das Institut des Privateigentums an anderen Produktionswerkzeugen, am Produkt der Arbeit (den Boden sah er konsequenterweise nicht als solches an) hielt er für unantastbar. Und auch auf dem vergesellschafteten Grund und Boden will er das Prinzip der freien Konkurrenz anwenden — er sollte an den Meistbietenden auf dem Wege öffentlicher Versteigerung verpachtet werden. Dieses fast instinktmäßige Bestreben, eine goldene Mitte zwischen dem Sozialismus und dem Individualismus zu finden, diese zielbewußte prinzipielle Auseinanderhaltung der beiden Rechtssphären des Besitzes, wie es aus folgendem Satze klar zutage tritt: „das Eigentumsrecht ist das jedem Bürger zustehende Recht, nach freiem Ermessen von seinem Eigentum, seinen Einnahmen, seinem Fleiß und seiner Tätigkeit Gebrauch zu machen und darüber zu verfügen. Von besonderer Art ist sein Recht am Grund und Boden, das untrennbar mit dem Rechte seiner Gemeindegenossen verbunden, unveräußerlich ist“ — diese Stellungnahme Spences ist typisch für die ganze Bewegung geworden.

Bis zum letzten Atemzuge war er für seine Ideen tätig. „Um unter der arbeitenden Klasse richtige Ideen ihrer Lage, ihrer Wichtigkeit, ihrer Rechte zu verbreiten“, veröffentlichte Spence seit dem Jahre 1793 eine Zeitschrift, betitelt „Pigs Meat“, verziert mit einem fetten Schwein und der Aufschrift: This is that matchless Pig's meat so famous far and near, oppressors hearts, it fills with dread, but poor men's hearts does cheer. Und jahrelang noch hat man, wie Pauli in seiner Geschichte Englands berichtet, den Enthusiasten seine Schriften auf einer Karre durch das Land schieben und feil bieten sehen. Aber die Zeit, in der er auftrat, war seinen Ideen abgünstig, denn die französische Revolution rief eine intensive Reaktion gegen alle egalitären Doktrinen hervor, was sich in einer ganzen Reihe gesetzgeberischer Akte wiederspiegelte: die Preßfreiheit wird in Frage gestellt, das Versammlungsrecht beschränkt, die Habeas-Corpusakte wiederholt suspendiert. Auch Spence setzte sich oftmaligen Verfolgungen seitens der Regierung aus, wenn er auch in Wahrheit kein fanatischer Revolutionär war.

Wenn A. Weber in der oben erwähnten Schrift die ideelle Verwandtschaft Spences mit den Bodenreformern späterer Periode auf Grund von Tatsachenmaterial bezweifeln zu müssen glaubt, so beruht dies meines Erachtens auf einer Verwechselung der Spenceaner mit Spence, wie das so häufig geschieht, denn nicht wohl kann es eine heftigere, zielbewußtere Anklage gegen das private Grundeigentum geben, als wir ihr in der oben zitierten Schrift von Spence begegnen. Die Mitglieder des von ihm gestifteten Bundes der „Spencischen Menschenfreunde“, der noch lange nach seinem Tode bestand, warfen sich mehr auf politische als auf sozialökonomische Probleme, und der von ihnen 1816 respektive 1817 in London versuchte Aufstand richtete sich mehr auf den Sturz der Regierung und Einführung einer sozialen Republik als auf Durchführung irgendwelcher radikaler Reformen wirtschaftlicher Natur. Insofern mag Weber Recht behalten — Spence selber aber muß zweifelsohne zu den Bodenreformern gezählt werden — enthält doch schon seine Schrift so viel Charakteristisches, das für seine Nachfolger typisch geworden ist.

In seinen „Zwei Büchern zur sozialen Geschichte Englands“ will A. Held den Anstoß zum Heranreifen des oben skizzierten Standpunktes bei Spence nur auf die äußere Ursache des von seiner Vaterstadt geführten Prozesses zurückführen; allein die in Frage kommenden Faktoren lagen viel tiefer. Um diese zu begreifen, müssen wir einen Gesamtüberblick über die allgemeine Agrarverfassung Englands jener Epoche zu gewinnen versuchen. — Was das psychologische Moment anbelangt, so galten die Grundbesitzverhältnisse Englands von jeher als willkürliches Produkt der normannischen Eroberung, von jeher hatte das englische Volk das lebhafte Bewußtsein, daß ihm das Land geraubt worden sei, und dies hatte als seine vornehmste konkrete Basis den Umstand, daß die dortigen Landverhältnisse auf einem brutalen Gewaltakt beruhen. Im Jahre 1066 wurde das Land von Wilhelm, Herzog der Normandie, den bisherigen Besitzern genommen und unter seinem Gefolge verteilt. „Der Raubakt en gros des Jahres 1066 bekam später sein Nachspiel in einer ununterbrochenen Reihe von Raubakten en detail, und zwar von Räubereien am Volke, als Kollektivwesen.“ (Zur Grund- und Bodenfrage, von W. Liebknecht, 1876). Den unmittelbaren Anstoß zur gewaltsamen Verjagung der Bauernschaft vom Grund und Boden und zur Usurpation des Gemeindelandes, die schon im letzten Dritteil des 15. und in den ersten Dezennien des 16. Jahrhunderts einsetzten, gab namentlich das Aufblühen der flandrischen Wollmanufaktur und das entsprechende Steigen der Wollpreise. Verwandlung von Ackerland in Schafweide wurde alsdann zur Losung des Feudaladels. Und Thomas Morus hatte diesen Zustand auch im Auge, wenn er in seiner Utopia von dem sonderbaren Lande spricht, wo „Schafe die Menschen auffressen". Während sich im 15. und 16. Jahrhundert der Prozeß der Expropriation als individuelle Gewalttat vollzieht, wogegen die Regierung selbst vergeblich ankämpft, offenbart sich der Fortschritt des 17. und 18. Jahrhunderts darin, daß „das Gesetz selbst zum Vehikel des Raubes am Volksland wird". (Kapital von Marx, Band I.) Der sogenannte „statute of Frauds" (das Statut vom illegitimen Besitz), ein von Karl II. erlassenes und am 24. Juli 1677 in Kraft getretenes Gesetz, schnitt einer wichtigen Klasse der Bevölkerung, der der „freeholders" oder „yeomen", der Klasse des Kleingrundbesitzes, den Lebensnerv ab. Dieses Gesetz besagte, daß von dem betreffenden Datum an jeder Besitz und Nutznießung des Grund und Bodens, welche nicht auf zuverlässigen Dokumenten und formellen Kontrakten basieren, nicht als legitimer Vollbesitz, sondern als Nutznießung „nach dem Willen des Lords" angesehen werden wird, auch wenn sie sich auf das Gewohnheitsrecht (commonlaw) stützen. Das Ziel der Landlords, die dieses Gesetz durchsetzten, war, alle diese Freeholders oder Kleingrundbesitzer, die jahrhundertelang den Grund und Boden in Bearbeitung hatten, indem sie eine kleine einmal festgesetzte Gebühr entrichteten, ohne jedoch formelle Kontrakte zur Verfügung zu haben, von ihrem Besitz zu verdrängen und ihn in den Großgrundbesitz der Landlords zu inkorporieren. Die Wirkungen dieses Gesetzes entsprachen vollständig den Erwartungen: zur Zeit Artur Joungs (etwa um 1770) verschwinden diese Freeholders fast gänzlich, und er sieht mit Betrübnis „ihre Ländereien in die Hände der Monopollords" übergehen. Beschleunigt wurde dieser Prozeß noch dadurch, daß diese Monopollords ein intensives Anbausystem auf ihren Gütern einführten — die kleineren Farmer und Freeholders standen konkurrenzunfähig ihnen gegenüber, da ihre Kapital- und Kreditlosigkeit es ihnen nicht gestattete, zu demselben System überzugehen. „Noch in den letzten Dezennien des 17. Jahrhunderts", berichtet uns Marx im ersten Bande seines Kapitals, „war die Yeomanry, eine unabhängige Bauernschaft, zahlreicher als die Klasse der Pächter und bildete die Stärke Cromwells. Noch waren die ländlichen Lohnarbeiter Mitbesitzer am Gemeindeeigentum. 1750 ungefähr war die Yeomanry verschwunden, und in den letzten Dezennien des 18. Jahrhunderts die letzte Spur von Gemeindeeigentum."

Hand in Hand mit diesem Prozeß läuft ein paralleler: 1710 werden die Gesetze für Einhegung des Gemeindelandes erlassen, Dekrete der Volksexpropriation, wie Marx sie nennt (die Bills for Inclosures of Commons), die er als die parlamentarische Form des Raubes bezeichnet, wodurch die großen Grundeigentümer das Gemeindeeigentum sich selbst als Privateigentum schenkten. Und sie betreiben diese Verteilung des Gemeindelandes in intensiver Weise. Nach Macaulay beträgt die Zahl der Einhegungsakte, die seit dem Regierungsantritt George II. (1727), genehmigt wurden, über 4000, der Flächenraum übersteigt 10 000 Quadratmeilen — wie viele derselben ohne Kenntnis der gesetzgebenden Gewalt eingehegt und kultiviert worden sind, darüber können nach Macaulay bloß Mutmaßungen angestellt werden. Im Zeitraum von 1710—1760 wurden vom Gemeindeland abgeteilt und in die Grenzen des Großgrundbesitzes inkorporiert 334 974 Acres. (Zwischen 1801—1831 wurden „dem Landvolk geraubt und parlamentarisch den Landlords von den Landlords geschenkt" (Marx) 3 511 770 Acres Gemeindeland).

Dadurch bereitete sich naturgemäß ein gewaltiger wirtschaftlicher Umschwung vor. Die Lage des ländlichen Lohnarbeiters, der, wie schon ausgeführt, noch bis in den letzten Dezennien des 17. Jahrhunderts Mitbesitzer am Gemeindeeigentum war, verschlimmert sich dementsprechend sichtbar. Zudem hat das noch unter Elisabeth eingeführte System der staatlichen Feststellung der Arbeitslohnquote auf seine Lage sehr übel eingewirkt, da er sich mit der Belohnung begnügen mußte, die die Richter, größtenteils seine Arbeitgeber, während ihrer periodischen Sessionen in den Provinzen festlegten. Es bedarf keiner weiteren Ausführungen, daß diese Beschlüsse, die durch das mächtige Klasseninteresse aufs schärfste beeinflußt wurden, nicht zugunsten der Arbeiter ausfielen (wenn auch dieses Gesetz an und für sich zur Zeit seines Erlasses als Wohltat für die Arbeiter aufgefaßt wurde) und sie fristeten ein bedauernswertes Dasein. — Die Rente wächst zu gleicher Zeit in intensiver Progression; so stieg nach Mulhall der Grundrentenwert des Vereinigten Königreiches von 23½ Mill. £ im Jahre 1780 auf 49 Mill. £ im Jahre 1814. Auf dem Gute Belvuar, das den Herzogen von Rötland gehörte, kostete 1692 der Acre Boden 3 sh. 9¼ p., 1799 kostet der Acre desselben Bodens 19 sh. 3¾ p. Im 17. Jahrhundert beläuft sich die Rente nach Rogers auf 4 sh. 6 p. bis 5 sh. pro Acre, 1725 schon auf 7 sh., und 1770 beträgt die Rente, nach dem Berichte Joungs, durchschnittlich 10 sh. vom Acre. Dr. Richard Price, der berühmte politische Arithmetiker (geb. 1723) und individualistische Radikale, faßt die Gesamtwirkung der inclosures folgendermaßen zusammen: „Im ganzen hat sich die Lage der niederen Volksklassen fast in jeder Hinsicht verschlechtert, die kleineren Grundbesitzer und Pächter sind herabgedrückt auf den Stand von Tagelöhnern; und zur selben Zeit ist die Gewinnung des Lebensunterhalts in diesem Stande schwieriger geworden.“ Der Grundbesitz konzentriert sich mehr und mehr in den Händen weniger Landlords, deren Einnahmen im gewaltigen Steigen begriffen sind, während die Klasse der Kleingrundbesitzer und Landarbeiter, die einen beträchtlichen Teil der Bevölkerung ausmacht, von ihrem erblichen Besitz verdrängt und proletarisiert wird.

Wenn wir diesen in relativ kurzer Zeitspanne sich vollziehenden Umschwung mit all seinen Begleiterscheinungen ins Auge fassen, so leuchtet es ein, warum wir auf diesem Boden schon bei der Morgenröte des Kapitalismus einem fanatischen Repräsentanten der Idee der Abschaffung des individuellen Grundbesitzes begegnen. Wir wollen noch weiter gehen und die weiteren Momente uns vor Augen führen, um den Schlüssel zum Verständnis der auf den ersten Blick etwas eigentümlich anmutenden Erscheinung zu gewinnen, der Tatsache, daß gerade England, das klassische Land der hochentwickelten Industrie, einen so außerordentlich empfänglichen Boden für die Ideen, als deren ersten Repräsentanten wir Spence kennen gelernt haben, darstellt. Es wird dabei auch erhellen, warum die Landfrage eine so hervorragende Stellung im sozialen Leben Englands spielt, warum sie wissenschaftlich allseitig erörtert wird, warum alle englischen Bekämpfer des Privateigentums sich mit besonderem Nachdruck gegen das Grundeigentum wenden (man denke nur an Godwin).

Die Korngesetzgebung Wilhelm III. von 1689 und der weitgehendste Schutz der Landwirtschaft seitens der Regierung bis in die Hälfte des 19. Jahrhunderts hinein hatte zur Folge, daß die Rente eine unerhörte Höhe erreichte und eine schroffe Verschiebung der Eigentumsverhältnisse stattfand. 1814 betrug der Wert der Landverpachtungen in England 58 751 479 £, im Jahre 1879 beinahe das Dreifache — 172 136 183 £. (Von da an datiert allerdings ein rapides Sinken der Rente.) Im Zeitraum von 1760—1845 wurden etwa 8 Mill. Acre Gemeindeland dem Volke entrissen und in den Händen einzelner Landlords konzentriert, von denen 116 die Hälfte von England und 3/4 von Schottland ihr eigen nennen. (So gehört der Grund und Boden Londons dem Herzog von Bedford und dem Marquis von Westminster. Zur Grund- und Bodenfrage von W. Liebknecht.) Die soziale Macht, die durch das Privateigentum am Grund und Boden verliehen wird, tritt beim ausschließlichen Monopolcharakter des englischen Grundbesitzes so grell als möglich zutage, denn bekanntlich stand und steht dieser noch bis heute tatsächlich in feudaler Gebundenheit: die Landlords haben es durchzuführen vermocht, daß der Grundbesitz den Charakter einer Ware nicht angenommen hat. Die Steigerung zumal der städtischen Rente wird unmittelbar gesehen und empfunden, denn wenn nach der 99jährigen Verpachtung das Land an den Lord zurückfällt, so ist der Gewinn ein ganz kolossaler und in die Augen springender. Dazu kommt noch der Umstand in Betracht, daß gesetzlich der Staat in England Eigentümer des gesamten Grund und Bodens ist. In seiner „Verfassung Englands“ weist Fischel (S. 46) darauf hin: „Eigentlich freies Grundeigentum besitzt nach der englischen Rechtsanschauung niemand. Alles Land gehört dem Souverän und wird von ihm zu Lehen ausgetan. Der Engländer kann daher nur ein Lehen besitzen.“ Anfänglich verpflichteten sich die Landlords, für das ihnen zugewiesene Land gewisse Funktionen im sozialen Organismus zu verrichten. Unter Wilhelm III., in der Epoche, wo der Landadel am intensivsten seinen politischen Einfluß ausübte, wurde diese Leistung in natura durch eine Bodensteuer in der Größe von $^1/_4$ der Bodenrente ersetzt. Diese Steuer wird noch jetzt erhoben, und zwar in der absoluten vom 17. Jahrhundert festgesetzten Höhe, ohne Berücksichtigung der mittlerweile so riesig in die Höhe geschnellten Renten, so daß sie jetzt 45 Mill. Mk. anstatt 750 Mill. beträgt, $^1/_{66}$ der Grundrente anstatt $^1/_4$ derselben ausmacht. Unter Wilhelm III. belief sie sich noch auf $^1/_5$ des öffentlichen Einkommens, jetzt auf $^1/_{85}$ desselben. „Die Grundbesitzer hoben,“ bemerkt Marx im ersten Band des Kapitals, S. 689, zu diesem Prozeß, „die Feudalverfassung des Bodens auf, das heißt, sie schüttelten seine Leistungspflichten an den Staat ab, „entschädigten“ den Staat durch Steuern auf die Bauernschaft und die übrige Volksmasse, vindizierten modernes Privateigentum an Gütern, worauf sie nur Feudaltitel besaßen und oktroyierten schließlich die Niederlassungsgesetze (laws of settlement).“ (Weitreichende, mit historischen und literarischen Nachweisen reich belegte Daten über den Expropriationsprozess der Massen in England finden sich im gleichen Bande des Kapitals, im Kapitel über die ursprüngliche Akkumulation.) Wenn wir noch die so brennend gewordene irische Frage in Betracht ziehen, wo die ländliche Bevölkerung durch Zwischenagenten aufs brutalste exploitiert wird, wo von 47 144 661 Morgen anbaufähigen Landes nur noch 3 830 000 Morgen, also kaum $^1/_{12}$ wirklich in die Kultur genommen wird, und das übrige auf Wiesen, Weiden, Wildparks entfällt, wenn wir ferner den Umstand berücksichtigen, daß es in der Mitte des 18. Jahrhunderts durch eine

Rechtsfiktion ermöglicht wurde, das Grundeigentum der schottischen Clans, bei denen das Prinzip des Gemeineigentums herrschte, in Privateigentum der Stammesoberhäupte umzuwandeln (durch das sogenannte Clearing of Estates), welcher Umstand dann seinerseits massenhafte Vertreibungen der Schotten von ihrer Scholle ermöglichte, als die Schafzucht die vorteilhaftere Form der Exploitation des Grund und Bodens geworden war, als der Ackerbau [1] — wenn wir all die oben aufgezählten Faktoren uns vor Augen führen, gelangen wir zum Verständnis des psychologischen Problems, daß bei jeder sozialen Bewegung die Landfrage mit eherner Macht in den Vordergrund gerückt wird. Etwas modifiziert tritt die analoge Forderung wie bei Spence, auch beim Schotten William Ogilvie, Professor der Humanität an der Universität in Aberdeen hervor. Indes weist seine 1782 erschienene Schrift: „An essay on the right of Property in Land with respect to its foundation in the law of nature“ [2] meines Erachtens schon deutlich wahrnehmbare Anklänge an die physiokratische Doktrin auf, worauf auch Wygodzinski in seinem Artikel „Bodenreformer“ im Wörterbuch der Volkswirtschaft hinweist. In ruhiger objektiver Weise untersucht er sowohl vom naturrechtlichen als auch vom sozialökonomischen Standpunkte aus das Grundeigentumsproblem und kommt zu folgenden Ausführungen: Man müsse unterscheiden zwischen 1. dem ursprünglichen Bodenwert, 2. dem durch menschliche Arbeit verbesserten Bodenwert, und 3. dem Bodenwert, der sich für

[1] Gegenwärtig bedeckt sich Schottland immer mehr mit Wildparks der Grofsen — diese Rückwandlung der Schaftriften in Jagdreviere wird teils aus „nobler Passion“, teils aus Profitrücksichten vollzogen: Robert Somers weist in seinen „Letters from the Highlands“ von 1848 darauf hin, dafs ein Stück Bergland, in Jagdung angelegt, in vielen Fällen ungleich profitabler ist als Schaftrift.

[2]) D. C. Mac Donald veranstaltete unter dem Titel „Birthright in Land“ 1891 bei R. Paul in London eine neue Ausgabe dieser Schrift. Ganz vor kurzem ist dieselbe in einer deutschen Übersetzung von A. M. Freund in den Hauptwerken des Sozialismus und der Sozialpolitik erschienen.

die Gegenwart aus der zukünftigen Wertsteigerungsmöglichkeit ergibt. Nur der unter 2 fallende Wert gehört dem Eigentümer, alles andere aber der Gesellschaft. Da eine Scheidung zwischen den einzelnen Bestandteilen des Bodenwertes große Schwierigkeiten biete, eventuell auch undurchführbar wäre, so solle man den Grundeigentümern auch den ihnen nicht zukommenden Wert lassen, wofür sie aber als Gegenleistung die Ausgaben des Staates auf sich nehmen müssen. „No scheme of taxation can be so equitable as a landtaxe, by which alone the expenses of the State ought to be supported, until the whole amount of that original value be exhausted.“ Die Grundeigentümer sollen sich bewußt bleiben, daß der ursprüngliche Bodenwert ihnen nur zur Verwaltung seitens der Gesellschaft anvertraut sei und daß ihnen dieser Umstand die Pflicht auferlege, den Boden möglichst intensiv zu bearbeiten. Die sozialökonomischen Bedenken gegen das Privateigentum am Grund und Boden kleidet er in folgende Sätze: „While the cultivable lands remain locked up, as it were, under the present monopoly, any considerable increase of population in a particular state, though it sums to add to the public strength, must have a pernicious influence on the relative interests of society, and the happiness of the greater number. By diminishing the wages of labour, it favours the rich, fosters their luxury, their vanity, their arrogance; while on the other hand, it deprives the poor of some share of their just reward and necessary subsistence.“ Für Ogilvie ist unter zwei Nationen diejenige am glücklichsten, welche die meisten unabhängigen Ackerbauer aufzuweisen hat. Sein Einfluß war gering und er steht auch, wiewohl von Godwin wiederholt zitiert, nur in losem Zusammenhange mit den sozialpolitischen Theoretikern und Praktikern der Folgezeit.

Durch Spencische Ideen angeregt, hat sich auch der berühmteste Schriftsteller aus der Gruppe des individualistischen Radikalen, Thomas Paine, in einem seiner späteren Werke „Agrarian justice“ von 1797 zu dessen Ansichten bekannt. Es ist gewiß charakteristisch für die Psychologie eines Engländers, daß Paine, der in seinen politischen Schriften, von dem Naturrechte ausgehend, die radikalsten Konsequenzen in Bezug auf die Freiheit des Individuums und Funktionen des Staates zieht, wobei er die letzteren auf das denkbarste Minimum reduzieren zu sollen glaubt, doch zugleich der Urheber eines großen sozialen Reformplanes ist, der, an die bekannten Projekte Defoes, Vancouvers und Anderer anknüpfend, auf eine Art Volksversicherung hinausläuft. In der obengenannten Schrift gibt er zunächst eine sehr scharfe Kritik des „Monopols des Landbesitzes", wo er mit furchtloser Logik und mit vielem Feuer alle die Erscheinungen hervorhebt und betont, die als unmittelbare Folge desselben uns im sozialen Leben vor Augen treten. Dadurch, daß die Erde, im natürlichen Zustande an Erzeugnissen arm in Bearbeitung genommen werden mußte und das dadurch erzielte Produkt seinem Werte nach dem Werte der natürlichen Kräfte des Bodens bei weitem überlegen war, verwechselte man das Recht aller auf den Grund und Boden mit dem Rechte des Einzelnen auf das Recht seiner Arbeit — es entsteht die in ihren Folgen so unheilvolle Vorstellung von dem Privateigentum am Grund und Boden. In Wirklichkeit schulde aber jeder Grundbesitzer der Gesellschaft einen Grundzins für das innegehaltene Land. Durch die Vorenthaltung dieses Grundzinses entsteht der Gegensatz von Reichtum und Armut der „unseren Augen beständig entgegentritt und es beleidigt, als wenn tote und lebendige Körper aneinander gekettet sind". Da der Grund und Boden „das natürliche Patrimonium der Nation" ist, so sollte den Besitzlosen für den ihnen entgangenen Anteil am Boden ein Äquivalent in der Weise gesichert werden, daß der Staat beim Erbgange vom neuen Grundeigentümer eine erhebliche Steuer beansprucht, welche zur Bildung eines Nationalfonds verwendet wird. Dieser Fonds gewährt allen Personen eine Alters- und Invalidenrente und zahlt jedem Engländer bei Erreichung des 21. Lebensjahres 15 £ aus. Und es entspricht dies ganz seiner Gesamtauffassung der sozialen Erscheinungen, wenn er des weiteren ausführt: das hier vorgeschlagene Projekt wird das ganze Elend umfassen: es wird den Blinden, Lahmen und bejahrten Armen helfen und überdies das heranwachsende Geschlecht mit Mitteln versehen, um zu verhüten, daß es arm werde".

Zu den oben aufgezählten Momenten, die das rapide Anwachsen der Rente verursachte und die ebenfalls dem Landproblem in England eine so brennende, fast von allen Bevölkerungsklassen empfundene Bedeutung verliehen, muß zweifellos die Kontinentalsperre in Betracht gezogen werden. H. Dietzel sagt in seiner „Theoretischen Sozial-Ökonomik": „In England hatte während der Jahre der Kontinentalsperre eine schroffe Verschiebung der Einkommensverhältnisse stattgefunden. Eine so starke und so rasche Steigerung der Grundrente war bisher noch nicht dagewesen. Die eine Klasse, die der Landlords, bereicherte sich mehr und mehr auf Kosten der übrigen Schichten". (Seite 133). Es ist denn auch selbstverständlich, daß sich die Wissenschaft um die theoretische Ergründung dieser Erscheinung bemühte und in Ricardo die bekannte klassische Formulierung des Grundrentengesetzes gab, die sich bald in den weitesten Kreisen volle Anerkennung erwarb[1]. Dadurch wird eine neue Basis von unübersehbarer Tragweite für eine Bodenreformbewegung gegeben, denn es wird auf Grund wissenschaftlicher Erforschung der ökonomischen Phaenomene der Satz aufgestellt: die Gesellschaft, als solche, in ihrer Gesamtheit, und nicht der Grundeigentümer, schafft in ihrer progressiven Entwicklung die Rente. Sah schon Adam Smith in der Grundbesitzeraristokratie das größte Hindernis seiner freien Wirtschaftspolitik, und brachte er daher der Grundrente kein besonderes Wohlwollen entgegen, so kommt diese Tendenz bei Ricardo durch die krasse Formulierung: „Das Interesse des Grundherrn ist jederzeit dem aller anderer Stände in der Gesellschaft entgegengesetzt" zur Vollendung. (Als schneidige Waffe des bürgerlichen Kapitalismus gegen

[1] Es ist bekannt, dafs dasselbe schon vor Ricardo von Anderson, Torrens, West aufgestellt wurde. Nach neueren Forschungen von Seligman im Economic Journal mufs auch John Rooke zu den obigen gezählt werden.

die Grundbesitzeraristokratie bewährte sich diese Theorie in den großen Kämpfen der Anti-corn-law-league.) Und mit Recht bemerkt Carey im „System der Sozialwissenschaft“ (1860): „Da also das System von Ricardo ein System des allgemeinen Zwiespaltes ist, ist seine Tendenz notwendigerweise auf die Störung des Eigentumsrechtes am Grund und Boden gerichtet, was aus J. S. Mill erhellt.“ In seiner Schrift „Outlines of Political Economy“ spricht sich Senior in gleicher Weise aus. Praktische Konsequenzen werden aus den Ricardoschen Sätzen erst durch James Mill in seinen „Elements of Political Economy“ (1821) gezogen. „Der beständige Wertzuwachs, der sich herleitet von den Verhältnissen, in denen sich die Gesellschaft befindet und von nichts, woran die Grundeigentümer selbst einen besonderen Anteil haben, scheint nicht weniger besonders geeignet zu sein, für Staatszwecke Verwendung zu finden.“ Er war der erste, der die Theorie vom „unverdienten Wertzuwachs“ aufgestellt hat, eine Theorie, die namentlich in England und Deutschland Schule gemacht hat und die uns noch oft begegnen wird.

Eine charakteristische Bestätigung der spezifischen Eigentümlichkeiten der Agrarfrage in England haben wir in dem Umstand, daß die Chartistenbewegung, deren Ausgangspunkt und vornehmstes Ziel die Erlangung von politischen Rechten war, dennoch die Expropriation der privaten Grundeigentümer und die Verstaatlichung des Grund und Bodens in ihr Programm aufnimmt. Als eifriger Verfechter dieser Idee tritt einer der Führer der Chartistenpartei O'Brien auf, der dieselbe im „Poor Man's Guardian“, in „Nothern Star“ und in „Rise and Progress of Human Slavery“ vertritt und verteidigt. Er bekämpft den individuellen Landbesitz, wie als ökonomisches, so auch als ethisches Prinzip und indem er mit konkreten, in die Augen springenden Argumenten, mit Hinweis auf die mächtig anschwellende agrarische und städtische Rente, operiert, gewinnt er unter den radikalen Elementen einen großen Anhang. Zwar war er in seiner Auffassung der sozialen Mißverhältnisse nicht monistisch. „Die Wurzel derselben, schreibt er im Nothern Star 1841, liegt in dem Umstand, daß man das Land ausschließliches Eigentum von Einzelpersönlichkeiten sein läßt und gestattet, daß andere Landespersönlichkeiten die Herstellung, Ausgabe und Regulierung des Geldes oder Tauschmittels in den Händen haben, durch deren Vermittlung alle Wertgegenstände umgesetzt werden. So lange dieses doppelte Übel dauert, kann keine wirkliche Reform in der Gesellschaft vor sich gehen." O'Brien betrachtete Renten und Zins als Hindernisse des sozialen Fortschrittes. Aber „die Bewilligung des Naturreichtums" ist für ihn das Primäre, und da alle noch so radikalen Reformen auf dem Gebiete des Steuer- und Zinswesens nichts nützen würden, so lange der individuelle Landbesitz, als solcher, existiert, so galt ihm als die vornehmste Aufgabe die Beseitigung resp. die absolute Abschaffung dieser Institution. „Laßt einmal zu, daß der Boden eines Landes, den Gott für alle seine Einwohner und für alle darauf geborenen Geschlechter geschaffen hat, aufgekauft oder anders monopolisiert oder von irgend einer Sondergemeinschaft irgend einer Generation usurpiert werde, so ist in dem Augenblicke Euer Gemeinwesen in Tyrannen und Sklaven geteilt, in Schelme, welche für keinen arbeiten wollen und in Lasttiere, welche für jeden arbeiten müssen. Keine spätere Gesetzgebung, keine nur mögliche Flick- und Stückarbeit auf dem Wege heilsamer Maßregeln kann vernünftig auf ein System wirken, das auf so verderblicher Grundlage erbaut ist." (The Rise and Progress of Human Slavery.) „Aller Wert, den das ganze Rohmaterial in sich enthält, ist ein Geschenk Gottes an alle Menschen in gleicher Weise, und daher waren diese Güter nie zu Privateigentum bestimmt, und in der Tat kann kein ausschließliches Eigentum eines Individuums oder einer Mehrheit von Individuen entstehen, ohne die Privateigentumsrechte aller ausgeschlossenen Individuen zu verletzen, und somit das Privateigentum als eine Einrichtung der Gesellschaft zu vernichten. Alles von Gott Geschaffene gehört in gleicher Weise allen, es ist gemeinsames Eigentum aller Geschöpfe Gottes. Nur was der Mensch geschaffen, kann Gegenstand des Privateigentums sein, ohne die Grundlagen der Gesellschaftseinrichtungen zu verletzen, und die Hölle unter den Füßen der Gesellschaft aufzutun. Unfähig aber, diese Unterscheidung praktisch durchzuführen, fährt die Gesellschaft fort, zu bleiben, was sie ist, ein Chaos von Antagonismus, Verbrechen und Dummheit". (Nothern Star 1841.)

Trotz dieser radikalen Verurteilung will O'Brien doch aus Opportunitätsgründen Entschädigung der bisherigen Grundbesitzer, wobei er, wie es so oft bei einseitiger Betrachtung der sozialen Phänomene geschieht, ganz zu übersehen scheint, welche Macht durch eine derartige Reform dem mobilen Kapital gewährt wird. Praktisch weisen seine Vorschläge eine auffallende Ähnlichkeit mit denen Spences auf; sie gehen dahin, das Land in Parzellen aufzuteilen, welche die bestmögliche Ausnutzung gewähren, und dieselben nach dem Prinzip des Höchstgebotes zu einem bestimmten Jahrestermin zu verpachten. Das Land sollte dann in Bezirke geteilt werden, und die Rente von jedem Bezirke sollte in eine Bezirksbank eingezahlt werden, aus welchem Betrag die Entschädigung der Grundeigentümer erfolgt. Dieser Vorschlag wurde von O'Connor und seinen unmittelbaren Nachfolgern seiner vermutlichen Undurchführbarkeit wegen bekämpft und als eine leichter durchführbare Methode die Heimatskolonisation oder das Small-Farm-System begünstigt. Die Ideen O'Briens fanden trotzdem zahlreiche Verfechter, und es wurden wiederholt Resolutionen in diesem Sinne angenommen. Aber der Widerstand O'Connors und seiner Gesinnungsgenossen führte dahin, daß die Nationalisation des Grund und Bodens bis 1852 offiziell in das Chartistenprogramm nicht aufgenommen wurde und dies erst dann geschah, als die Bewegung an Kraft, Ausdehnung und Einfluß gewaltig abgenommen hatte.

Weber zählt in seiner obengenannten Schrift auch E. P. Thompson und John Francis Bray zu den Bodenreformern, wie ich glaube, mit Unrecht; den ersteren deshalb, weil er in einigen Artikeln die Anschauung vertritt, der Grundbesitz müsse intensiver besteuert werden, den anderen aus dem Grunde, weil er in seinem 1839 erschienenen

Werke „Labours Wronghs and Labours Remedies“, von dem Postulat der Gleichheit aller Menschen ausgehend, die Landesnationalisation verlangt. Nun ist bei Bray wohl das Problem des Privateigentums am Grund und Boden in unzweideutiger Weise in diesem Sinne gelöst. Aber als Kommunist der Owenschen Schule, der schon einen tieferen Einblick in das Getriebe der kapitalistischen Produktionsweise zu gewinnen und alle Konsequenzen des Systems der freien Konkurrenz zu übersehen vermochte, empfiehlt er als Mittel zur radikalen Abhilfe der sozialen Übelstände die Errichtung von kommunistischen Kolonien und als Übergangsstadium zu dieser höheren Gesellschaftsordnung große Genossenschaften und eine Arbeitstauschbank. Weber selbst bemerkt mit Recht im Anfang seines Werkes: „Die Sozialisten und Kommunisten jener Tage (d. h. der Periode der rapid steigenden Rente und der Konzentration des Landbesitzes) Bodenreformer zu nennen, ist ungefähr ebenso verkehrt, als wollte man die modernen Sozialisten, bei deren Agitation der Kampf gegen das Privateigentum am Grund und Boden aus taktischen Gründen zurzeit mehr in den Hintergrund tritt, deshalb als Freunde des privaten Bodeneigentums bezeichnen.“

Die Hungersnot in Irland seit dem Jahre 1846, die die im vollen Sinne des Wortes schreckliche Lage der irischen Bauern in grellem Lichte allen zum Bewußtsein brachte, rief große Entrüstung in der zivilisierten Welt hervor und veranlaßte Herbert Spencer, diesen Apostel des Individualismus, Stellung zu dieser Frage zu nehmen. Und er tat dies in sehr radikaler Weise. In seiner „Sozialen Statik“ (1851, Kap. 9 Absch. 8) betont er mit Nachdruck, daß die Besitznahme des Grund und Bodens ursprünglich eine Usurpation sei und nicht als Produkt der Arbeit angesehen werden könne, und deshalb müsse auch das Institut des Privateigentums am Grund und Boden schwinden, wie das des Menscheneigentums. „Nach und nach wird man zur Erkenntnis kommen, daß die ewige Gerechtigkeit Gebote erlassen hat, auf die wir noch nicht gehört und die wir nicht befolgt haben. Die Menschen werden dann lernen, daß: anderen Mitmenschen das Recht der Benutzung des Grund und Bodens vorenthalten, ein Verbrechen ist, das an Verruchtheit dem Totschlag oder dem Raub der persönlichen Freiheit um nichts nachsteht. Wir glauben schließlich, daß die Theorie vom gleichen Erbe aller Menschen an dem Erdboden sich mit der höchsten Zivilisation vereinbaren läßt und daß, so schwierig es auch sein mag, die Theorie von dem Gemeineigentum aller Menschen am Boden zu verwirklichen, die Billigkeit fordert nachdrücklich, daß dies doch geschieht." Er schlägt daher eine formelle Beschlagnahme alles Landes durch den Staat und eine formelle Verpachtung an den Meistbietenden vor.

Man wird aber der historischen Wahrheit nicht gerecht, wenn man Spencer auch jetzt als einen Anhänger der Bodenbesitzreform hinstellen würde — wie dies in allen Schriften der deutschen Bodenreformer geschieht — er hat eine Schwenkung durchgemacht und seinen in der „Sozialen Statik" und noch in der „Soziologie" vertretenen Standpunkt in bezug auf die Bodenverstaatlichung in seinen „Prinzipien der Ethik" widerrufen. (Siehe „Die soziale Frage im Lichte der Philosophie" von Prof. Ludwig Stein.) „Als ich," sagt Spencer in der letztgenannten Schrift, „in meinem Werke, die ‚Soziale Statik', das 1850 erschien, aus dem Gesetz der gleichen Freiheit die Folgerung zog, daß das Land von Rechts wegen nicht der Verfügung des ganzen Gemeinwesens entzogen werden dürfte und daraus ferner schloß, daß es nach Entschädigung der gegenwärtigen Inhaber, wiederum in den Besitz des Gemeinwesens übergehen sollte, hatte ich allerdings die im Vorstehenden dargelegten Betrachtungen übersehen."

In seinen Prämissen nicht weniger radikal, aber in seinen Schlüssen weniger konsequent war John Stuart Mill. „Das wesentliche Prinzip des Eigentums besteht darin," sagt er in seinen ‚Grundsätzen der politischen Ökonomie', Buch II, Kapitel II, betitelt ‚Landeigentum', „daß allen Personen dasjenige gesichert werde, was sie durch ihre Arbeit hervorgebracht und durch ihre Enthaltsamkeit angesammelt haben — dieses Prinzip kann keine Anwendung auf dasjenige finden, was nicht der Ertrag der Arbeit ist, nämlich das rohe Material der Erde.“ Zwischen diesem und dem Eigentum an den eigentlichen Arbeitsprodukten bestände ein tiefgreifender Unterschied. Während das Eigentumsrecht an den Produkten menschlicher Arbeit unverletzlich und unbedingt sein soll, ist es, wie er sich ausdrückt, der Gipfel der Ungerechtigkeit, die Gabe der Natur einigen wenigen als eigenmächtiges Privilegium zu überlassen. „Wenn man von der Heiligkeit des Eigentums spricht, so sollte man immer bedenken, daß dem Landeigentum diese Heiligkeit nicht im selben Grade wie den Produkten der menschlichen Arbeit zukommt. Kein Mensch hat das Land geschaffen — es ist das ursprüngliche Erbteil des gesamten Menschengeschlechtes. . . Es ist eine Bedrückung, auf Erden geboren zu werden und alle Gaben der Natur schon vorher in ausschließlichen Besitz genommen und keinen Raum für den neuen Ankömmling freigelassen zu finden“ usw. Der Boden müsse zum Eigentumsobjekt der Gemeinschaft werden. „Der Boden könnte, wie bei den alten Germanen, nur für ein Jahr im Besitze der Einzelnen bleiben, oder könnte mit der Zunahme der Bevölkerung periodisch aufs neue geteilt werden, oder der Staat könnte der allgemeine Landeigentümer sein und die Bebauer erhielten von ihm den Boden in Pacht oder umsonst.“ Der Staat soll den Bodeneigentümer vollständig expropriieren können unter der unbedingten Voraussetzung der Entschädigung. Es ist, nebenbei bemerkt, diese Forderung aus der Gesamtauffassung Mills klar — er spricht ja auch den Sklavenbesitzern volle Entschädigung zu und selbst bei den Besitzern der erblichen Privilegien auf öffentliche Ämter — eine Institution, die er ebenso scharf verurteilt wie das Sklavenwesen — „dürfte bei Abschaffung des Privilegiums Entschädigung gerechterweise nicht versagt werden.“ (Siehe das Kapitel über unzulässiges Eigentum.) In nähere Begründungen und Auseinandersetzungen läßt sich Mill aber nicht weiter ein und zieht keine scharfe und radikale realpolitische Konsequenz aus den dargelegten Prämissen. Und wir müssen Roscher zustimmen, wenn er meinte, die gesamte Lebensanschauung Mills sei „zu wenig aus einem Gusse“ gewesen. (Ich hielt mich bei Mill etwas länger auf, nicht weil er dem von mir gekennzeichneten Typus der Bodenreformer sich auffallend nähere, sondern weil seine ganze Beweisführung, namentlich seine scharf betonte prinzipielle Auseinanderhaltung der beiden Rechtssphären des Besitzes, obwohl der logischen Konsequenz entbehrend, Schule gemacht hat.)

Mills praktische agitatorische Tätigkeit datiert seit 1870, seit der Gründung der „Land Tenure Reform Association" (Landbesitz-Reformgesellschaft), die ursprünglich im wesentlichen für den „free trade in land", d. h. Abschaffung des monopolistischen Großgrundbesitzes und Einführung der Kleinackerwirtschaft bezw. des Parzellensystems, zu agitieren beabsichtigte, dann aber unter dem Druck der an der Gründungssitzung teilnehmenden Arbeiter den bekannten Artikel IV in ihr Programm aufnahm, der lautet: Der Staat soll durch eine Steuer den steigenden Mehrwert des Bodens, soweit man ihn festhalten kann, oder wenigstens einen großen Teil dieses Mehrwertes zurückfordern, denn dieser folgt ganz natürlich aus dem Wachstum der Bevölkerung und des Reichtums, ohne daß der Eigentümer etwas dazu beiträgt. Doch bleibt den Eigentümern das Recht vorbehalten, ihre Ländereien dem Staate zu überlassen gegen den Marktpreis, der zu der Zeit gilt, wo dieser Grundsatz Gesetz wird. Wir sehen, J. S. Mill ist trotz seiner radikalen theoretischen Prämissen auf dem Boden von James Mill stehen geblieben: der unearned increment „oder wenigstens ein großer Teil davon" sollte weggesteuert werden. Die Tätigkeit dieses Vereines hört im wesentlichen mit dem Tode J. S. Mills (1873) auf.

Es taucht nun unwillkürlich die Frage auf, wenn wir uns die ganze Reihe von nicht unbedeutenden Theoretikern und ihre Agitation in der ersten Hälfte des 19. Jahrhunderts vor Augen führen: welches waren die Faktoren, die eine organisierte Massenbewegung gegen die Grundrente nicht haben aufkommen lassen? Ich glaube, diese Frage durch den Hinweis auf die großartige Entwicklung der Produktion in der ersten Hälfte und in den ersten Dezennien der zweiten Hälfte des 19. Jahrhunderts beantworten zu können. Denn die nationalen

Kräfte wurden zu sehr durch diesen kolossalen industriellen Aufschwung in Anspruch genommen. Die Suprematie auf den auswärtigen Märkten erlaubte es den Industriellen, weitgehende Konzessionen an die Arbeitermassen zu machen, was den aufs unmittelbar Praktische gerichteten Sinn der Engländer von allen Spekulationen sozialökonomischer Natur abhielt. Die durch die Konzentration des ländlichen Grundbesitzes ausgestoßene und ins Proletariat herabgedrückte Elemente wandten sich in den Städten der mächtig emporsteigenden Industrie zu, und solange die Herrschaft des englischen Marktes durch Amerika und Deutschland nicht bedroht war, wurden sie auch von derselben aufgesogen. Die Statistik bietet uns drastische Beweise für diese Entwicklung: 1811 macht die ländliche Bevölkerung in England 35 % der Gesamtbevölkerung aus, 1861 aber nur noch 14, 1871 nur noch 11 %. Das ist ein bedenklich rapider Rückgang.

Wir kommen zur Zentralfigur unserer Bewegung, zu Henry George. Als theoretisches Gebäude, als zusammenhängendes Ganzes, das alle Erscheinungen des sozialen und ökonomischen Lebens in sich faßt und sie von einem einheitlichen Standpunkte aus zu beleuchten sucht, haben wir bisher die Bodenbesitzreform noch nicht kennen gelernt. Alle die oben erwähnten Theoretiker bleiben nur an der Oberfläche der Erscheinungen haften und lassen sich in eine tiefe, allseitige Analyse des wirtschaftlichen Treibens, der Funktionen der Produktionsfaktoren, nicht ein. George ist der erste, der mit seinem Werke „Fortschritt und Armut" (1879) diese Lücke auszufüllen und die Lehre zu einem zusammenhängenden, vollständigen theoretischen Ganzen auszubauen sucht. (Diesem Buche ging eine kleinere Schrift „Our land and land policy" von 1871 voran, erweckte aber keine Aufmerksamkeit.)

Es mag zuerst befremden, daß gerade aus Amerika, wo kein grundbesitzender, politisch privilegierter Adel existiert, wo also der ökonomische Interessengegensatz zwischen Grundbesitzer und Fabrikherrn durch keinen traditionellen Standesunterschied verschärft wird, der erste größere agitatorische Vorstoß dieser Art ausging. Es wird dies aber bald erklärlich, wenn man sich die reißend schnelle Verminderung des freien Ansiedlungslandes dort vergegenwärtigt und bedenkt, wie ungünstig die Verstopfung dieses, der europäischen Einwanderung bisher weit geöffneten Abzugskanals auf den sonst so günstig gestellten amerikanischen Arbeitsmarkt wirken mußte, wobei die riesigen Bodenspekulationen der amerikanischen Geldmänner das ihrige beitrugen. Um der Lehre und dem Einfluß Georges ein volles Verständnis entgegenbringen zu können, muß man die Besitzverhältnisse am Grund und Boden in Amerika und die persönlichen Erlebnisse Georges in dieser Hinsicht vor Augen haben.

Als 19jähriger Jüngling ging George nach Kalifornien und blieb dort bis zu der Zeit, wo er seine Reise nach Irland, England antrat, um für seine Ideen Propaganda zu machen, also bis etwa 1881. Dort entstand auch sein Werk. George konnte hier das Werden und Wachsen der modernen, von äußeren Ursachen ungestörten und unbeeinflußten Kultur beobachten. Er war Augenzeuge des Prozesses, wie dieses Land mit seinen unermeßlichen Schätzen, ursprünglich als gemeinschaftliches Eigentum erklärt, von dem niemand mehr nehmen durfte, als er benutzen konnte, oder nicht länger besitzen durfte, als er es benutzte, durch ein Gesetz, welches die Privilegierung mineralhaltiger Grundstücke zuließ, in den Privatbesitz überging. George hat die unheilvollen Wirkungen dieses Gesetzes in einem Lande, wo die direkt den Boden benutzende landwirtschaftliche und Grubenarbeit die wichtigste Quelle der Volkseinnahmen bildete, erlebt: „Anfänglich, wo ein unermeßlicher Kontinent zur Ansiedlung einlud, machte man sich in Amerika keine Frage über die Gerechtigkeit und Zuträglichkeit des Privatbesitzes am Grund und Boden, zumal die ersten englischen Ansiedler aus einem Lande kamen, wo die Wirkungen dieses Systems sich noch nicht vollständig fühlbar gemacht hatten“ (George). In Virginien und nach dem Süden zu wurde das Land in große Güter verteilt, die von den englischen Königen durch Patentbriefe verschenkt wurden. Der Überfluß an Land verhinderte aber, daß die Aufmerksamkeit auf dieses Monopol gelenkt würde. Aber mit der rapiden Zunahme der Ansiedlung, macht sich das Grundmonopol mit beschleunigter Wirkung fühlbar. Das öffentliche Gebiet tritt weiter zurück und wird immer enger, und das Grundeigentum konzentriert sich immer mehr. Bekanntlich erinnern die ungeheuren Güter in den Vereinigten Staaten an die Latifundien, wie sie im alten Italien bestanden.

Die ökonomischen und sozialen Wirkungen des Privateigentums am Grund und Boden traten sowohl in England als auch in Amerika gleich grell zutage; nur dauerte in England dieser Prozeß der Konzentration, dessen historische politische Wurzeln die ganze Geschichte des Landes durchziehen, jahrhundertelang, während er sich in Amerika fast vor den Augen einer Generation vollzog.

George[1] beginnt sein Werk mit der Erörterung des sozialen und ökonomischen Problems, wie es sich jetzt gestaltet. Er betrachtet es als eine notorische, keinen weiteren Zweifeln unterliegende Tatsache, daß trotz der kolossalen technischen Fortschritte, die die Produktivität der Arbeit auf eine ungeahnte Weise erhöht haben, der Arbeitslohn zum Minimum tendiert, das nur zum dürftigen Lebensunterhalt ausreicht. Es sei augenscheinlich, daß die enorme Vermehrung der produktiven Kraft, welche das jetzige resp. das verflossene Jahrhundert kennzeichne, keineswegs dazu beigetragen habe, die Armut auszurotten. Die neuen Kräfte wirkten auf das soziale Gebäude nicht von unten auf, sondern träfen dasselbe mehr in der Mitte und seien so einem ungeheuren Keile vergleichbar, der mitten durch die Gesellschaft getrieben werde — diejenigen, die sich über dem Trennungs-

[1] In Amerika selbst hatte George keine Vorläufer — der eigentümliche spezifische Entwicklungsgang der Verhältnisse hinderte das Aufkommen von grofsen Sozialreformern. Marx macht George zum Vorwurf (in seinem Briefe vom 20. Juni 1881), er habe die Vorgeschichte der Bewegung in Amerika übersehen und weist auf die Anti-Renter-Bewegung hin (1839—46). Allein, wie ich glaube, mit Unrecht, denn diese Agitation richtet sich nicht gegen die Grundrente als sozialökonomische Kategorie, sondern vornehmlich gegen die Ungerechtigkeit der damals bestandenen Pachtverhältnisse.

punkte befänden, würden erhöht, die darunter seien, niedergedrückt. Aus lokalen Gründen könne dieser Zustand der Dinge nicht erklärt werden, denn die krankhaften Erscheinungen ließen sich überall beobachten ungeachtet dessen, welche politische Institutionen, soziale Gliederung usw. der Staat besitze. Es sei klar, daß eine gemeinsame Ursache existieren müsse. George beginnt mit der Untersuchung der herrschenden Lehren, die das Problem zu erklären bemüht sind. Nachdem er die grundlegenden Begriffe Kapital, Lohn, Gut einer scharfen Prüfung unterzogen hat, kommt er zur Lohnfondstheorie. Diese Lehre sei durchaus unzulänglich, weil sie mit unleugbaren Tatsachen nicht übereinstimme. Nach der Lohnfondstheorie, deduziert George, müßte das Kapital dort relativ reichlich vorhanden sein, wo die Löhne hoch, und relativ selten, wo die Löhne niedrig sind. Da nun das zur Lohnzahlung benutzte Kapital zum großen Teil aus dem beständig Anlage suchenden Kapital bestehen müsse, so wäre der herrschende Zinsfuß der Maßstab des relativen Mangels oder Überflusses an Kapital. Es müßten dann hohe Löhne von einem niedrigen Zinsfuß und niedrige Löhne von einem hohen Zinsfuße begleitet sein. Aber gerade das Gegenteil sei zu beobachten. Zwischen dem Arbeitslohne und dem Zinsfuße bestehe eine Beziehung des Zusammengehens und nicht des Gegensatzes, denn es sei eine notorische Tatsache, daß der Zinsfuß hoch, wo und wann die Löhne hoch, und niedrig, wo und wann die Löhne niedrig sind. In der Wirklichkeit werde der Arbeitslohn nicht aus dem Kapital, sondern aus dem Produkte der durch ihn bezahlten Arbeit entnommen. Die Gesellschaft in ihrer höchst entwickelten Form ist nur eine künstlichere Mischung der Gesellschaft in ihren rohesten Anfängen, sagt George, und die in den einfachsten Beziehungen der Menschen obwaltenden Grundsätze sind bloß verhüllt nicht aber aufgehoben oder umgekehrt durch die verwickelteren Beziehungen, die aus der Teilung der Arbeit und Benutzung komplizierter Werkzeuge und Methoden entstehen. In allen den Fällen, in welchen der Arbeiter sein eigner Arbeitgeber ist und direkt das Produkt seiner Arbeit als Lohn empfängt, ist es klar genug, daß der Lohn nicht aus dem Kapital entnommen wird, sondern sich direkt als Arbeitsertrag ergibt. An den nächsten Etappen in dem Fortgange von Einfachheit zur Kompliziertheit: 1. an der Einrichtung, wo der Arbeiter, obgleich für eine andere Person oder mit den Werkzeugen einer anderen Person arbeitend, seinen Lohn in natura, d. h. in Gegenständen, welche seine Arbeit erzeugt, empfängt und 2. wo der Lohn, obgleich in natura veranschlagt aus Bequemlichkeit in etwas anderem von gleichem Werte gezahlt wird, kann es außer Zweifel sein, daß der Lohn aus keinem Kapital vorgeschossen wird — der durch die Arbeit geschaffene Fonds ist in Wahrheit der Fonds, aus dem die Löhne gezahlt werden. Auch in dem Falle, wo Geldlohn für produktive Arbeit bezahlt wird, ist dasselbe Verhältnis zu konstatieren — die Lohnzahlung involviert stets die voraufgehende Arbeitsleistung, und der Arbeiter ist mit dem Depositor in einer Bank zu vergleichen, der kein Geld herausziehen kann, wenn er nicht welches deponiert hat. Wo Arbeit geleistet wird, ehe der Lohn gezahlt wird, ist der Kapitalvorschuß faktisch seitens der Arbeit geleistet.

Ebensowenig wie der Lohn wird auch der Unterhalt der Arbeiter dem Kapital entnommen. Denn „es ist zur Produktion von Dingen, die nicht als Lebensmittel benutzt oder nicht sofort gebraucht werden können, nicht nötig, daß eine vorherige Produktion der zum Unterhalt der Arbeiter während des Produktionsprozesses erforderlichen Güter stattgefunden hat. Es ist nur nötig, daß innerhalb des Austauschkreises eine gleichzeitige Produktion hinreichender Subsistenzmittel für die Arbeiter vor sich geht und die Bereitwilligkeit vorhanden ist, diese Subsistenzmittel für den Gegenstand, auf den die Arbeit verwendet wird, zu vertauschen."

Das Kapital versorgt also die Arbeit weder mit Unterhalt, noch mit Rohstoffen, denn die Rohstoffe der Güter werden von der Natur geliefert. (Dabei läßt George m. E. den wesentlichen Umstand aus dem Auge, daß zur Hervorbringung dieser Rohstoffe Kapital in der Form von Werkzeugen unentbehrlich ist.) Das Kapital beschränkt also nicht den Gewerbefleiß, wie es Mill behauptet, es kann vielmehr nur die Form und die Ergiebigkeit des letzteren beeinflussen. — Die herrschende Lehre über die Quelle und das Gesetz des Lohnes finde ihre stärkste Stütze einerseits in der malthusischen Bevölkerungslehre und andererseits in dem Gesetze des abnehmenden Bodenertrages. Die Lohnfondstheorie, die, nach George, schon A. Smith vorschwebte, die malthusische Lehre und die später anerkannte Rententheorie bildeten gewissermaßen eine Trippelallianz. Die erstere und letztere stellten unter gewissem Gesichtspunkte nur besondere Beispiele der Wirksamkeit des allgemeinen Prinzipes dar, welches Malthus' Namen erhielt, und das Sinken des Lohnes wie das Wachsen der Rente, das durch die steigenden Erfordernisse der zunehmenden Bevölkerung, die zum Anbau immer weniger ergiebiger Ländereien zwängen, erklärt wurde, wären nur als verschiedene Formen, in denen sich der Druck der Bevölkerung gegen die Unterhaltsmittel äußerte, aufgefaßt. Diese Lehre sei aber durchaus falsch.

George unterwirft die Populationstheorie von Malthus einer scharfen Kritik[1]. Er prüft diese Theorie an der Hand konkreter Tatsachen und kommt zur Überzeugung, daß wir auf dem ganzen Erdball und in der Geschichte kein einziges Beispiel eines bedeutenden Landes haben, in welchem Armut und Mangel füglich dem Drucke einer zunehmenden Bevölkerung zugeschrieben werden könne. Im Vergleich mit ihrer Fähigkeit, Menschenleben zu unterhalten, sei die Erde als Ganzes noch äußerst gering bevölkert. Das Nichtvorhandensein gesetzlicher und religiöser Vorschriften in bezug auf die „vorbauende Hemmung" bei alten Völkern, die sich

[1] Er ist nicht der erste, der dies in methodischer, theoretisch begründeter Weise getan hat. 1860 hat sein Landsmann Henry Carey in seinen „Prinzipien der Sozialwissenschaft" schon diese Kritik ausgeübt, und zwar mit ähnlicher Beweisführung und Argumentation. Und noch früher haben es Fourier und Proudhon getan. Ebensowenig kann George in der Kritik der Lohnfondstheorie die Priorität beanspruchen — es haben dies schon vor ihm Francis A. Walker, Thornton und andere mit Erfolg unternommen.

intensiv vermehrten und bei denen der Staat oft jedem seiner Mitglieder Beschäftigung und Unterhalt garantierte, das Aussterben ganzer Familien, in denen der Mangel unbekannt ist — alles dies spreche gegen die Theorie von Malthus. Die gewöhnlich zur Unterstützung derselben angeführten Beispiele sind Indien, China und Irland — aber die dort herrschenden elenden Zustände seien nicht der Überbevölkerung — denn sie seien keineswegs die am dichtesten bevölkerten Länder der Erde — sondern der Form, welche die soziale Organisation in diesen Ländern angenommen hat, zuzuschreiben, die Form, die die Produktivkraft gefesselt und den Gewerbefleiß seines Lohnes beraubt hat. Die wahre Ursache des Mangels war und ist noch jetzt die Habgier der Menschen, nicht die Kargheit der Natur. Die Stärke der reproduktiven Kräfte im Tier- und Pflanzenreiche, die als Analogie die malthusische Lehre stützen sollte, beweise nur, daß die Nahrungsmittel schneller zuzunehmen vermögen, als die Bevölkerung. Die Vermehrung der Menschen involviere die Vermehrung der Nahrungsmittel, denn der Mensch sei das einzige Lebewesen, das den im Vergleich zu ihm mächtigen Reproduktionskräften, die ihn mit Nahrung versorgen, freien Spielraum verschaffen könne. „Sowohl der Hühnerfalke als der Mensch essen Kücken," sagt George, „aber je mehr Falken, desto weniger Kücken, hingegen je mehr Menschen desto mehr Kücken." (Dieser Gedanke wird durch die von Herrn Prof. Oncken in seinen Vorlesungen über die praktische Nationalökonomie aufgestellte Widerlegung des Depekorationsgesetzes, d. h. des Gesetzes vom Rückgang des Viehstandes im Verhältnis zur Bevölkerung, bestätigt.) Das Gesetz des abnehmenden Bodenertrages beruhe ferner auf einen Trugschluß, denn daß der Mensch die Naturkräfte nicht erschöpfen oder vermindern könne, folge aus der Unzerstörbarkeit des Stoffes und der Beständigkeit der Kraft. Die Bevölkerungsgrenze der Erde könne nur die Grenze des Raumes sein.

Die Annahme der herrschenden Lehre, daß die Bevölkerungszunahme die Summe von Gütern, die von einer gegebenen Summe von Arbeit produziert werden kann, reduzieren müsse, sei falsch, denn Hand in Hand mit dem Wachstum der Bevölkerung gehe eine Zunahme der produktiven Kraft vor sich. Die Kraftzunahme des menschlichen Faktors habe die Kraftabnahme des Naturfaktors mehr als aufgewogen. (Hier könnte man auch einen deutlichen Anklang an Carey wahrnehmen.)

Die Ursache des Elends sei also nicht auf den Mangel an Kapital, das der Beschäftigung der Arbeit gewidmet ist, noch auf die Abnahme der produktiven Kräfte zurückzuführen. Die Untersuchung müsse sich somit nicht auf die Güterproduktion, sondern auf die Güterverteilung werfen, das sei das eigentliche Problem der Nationalökonomie [1].

George untersucht die drei Produktionsfaktoren in bezug auf ihren Anteil am Produkt und die die Verteilung regierenden Gesetze. In der Untersuchung über die Grundrente schließt er sich vollständig an Ricardos Rententheorie an, die, nach ihm, den selbstverständlichen Charakter eines geometrischen Lehrsatzes hat, wie er überhaupt die Ricardosche Theorie zum Angelpunkt aller seiner Untersuchungen macht. Er gibt dieser Lehre folgende Fassung: der Besitz eines Naturfaktors der Produktion verleiht die Macht, sich von den durch die auf ihn gerichteten Bemühungen der Arbeit und des Kapitals hervorgebrachten Gütern so viel anzueignen, als den Ertrag übersteigt, welchen der gleiche Arbeits- und Kapitalaufwand in den am wenigsten einträglichen Beschäftigungen, denen sie sich zuzuwenden pflegen, zu erlangen im Stande ist. Wenn diese Lehre seit Ricardo stets klar aufgefaßt und allgemein anerkannt wurde, so wurde doch das Korrelat derselben, das Lohngesetz, durch die Lohntheorie verdunkelt, völlig verkannt. Es sei aber einfach, wie der einfachste geometrische Beweis, daß das Korrelat des Rentengesetzes das Lohngesetz sei, wo die Verteilung des Produkts nur in Rente und Lohn stattfinde, oder das Gesetz des Lohnes und Zinses zusammengenommen, wo die Verteilung in Rente,

---

[1] Auch darin kann George nicht Anspruch auf Originalität erheben, denn schon vor ihm hat Thompson diesen Satz aufgestellt.

Lohn und Zins stattfinde. Umgekehrt sei das Rentengesetz notwendig auch das Gesetz des Lohnes und Zinses zusammengenommen, denn es enthält die Behauptung, daß, gleich viel wie groß das Produkt sei, das aus der Aufwendung von Arbeit und Kapital entsteht, diese beiden Faktoren in Lohn und Zins nur den Teil des Produktes erhalten, den sie auf freiem, keiner Rentenzahlung unterworfenem Lande, d. h. dem mindest ergiebigen Lande oder Punkte, produziert haben würden. Oder um es in eine algebraische Formel zu bringen: da das Produkt = Grundrente + Lohn + Zins ist, so ist das Produkt — Grundrente = Lohn + Zins. Somit zieht George aus der Existenz der Rente sehr wichtige Schlüsse für die Höhe des Lohnes und Zinses. Da nicht der Gesamtertrag sondern der Nettoertrag nach Abzug der Rente bestimme, was als Lohn und Zins verteilt werden kann, so folge daraus, daß, wie groß auch die Vermehrung der produktiven Kraft sei, weder Lohn noch Zins sich vermehren könnten, wenn die Vermehrung der Bodenrente gleichen Schritt hielte. Der Zinsanspruch des Kapitals sei kein Abzug am Arbeitsertrag, denn im Gegensatz zu Bastiat, der die Ursache des Zinses in der den Werkzeugen innewohnenden Kraft, die Produktivität der Arbeit zu vermehren, sieht, erklärt George den Zins als aus der Vermehrungsfähigkeit, die die reproduktiven Naturkräfte dem Kapital verleihen, entspringend. Viele Kapitalgegenstände, wie z. B. Wein, Herden erführen durch den Ablauf einer bestimmten Zeit vermöge des Waltens der Naturkraft eine Verbesserung oder Vermehrung. Und in jedem Austauschkreise müsse die Kraft der Vermehrung, welche die Erzeugungs- oder Lebenskraft der Natur einigen Arten des Kapitals verleihe, sich mit allen übrigen ausgleichen und wer Geld, Hobel, Bretter oder Kleider ausleiht oder zum Austausch verwendet, vermag ebensowohl ein Mehr zu erzielen, als wenn er so viel Kapital zu reproduktiven Zwecken in einer der Vermehrung fähigen Form verliehen oder angelegt hätte. Somit „entspringt der Zins", nach George, „aus der Vermehrungsfähigkeit, welche die reproduktiven Kräfte der Natur und die in der Wirkung analoge Fähigkeit zum Austausch dem Kapital verleihen. Er ist nichts Willkürliches, sondern etwas Natürliches; er ist nicht das Ergebnis einer besonderen sozialen Einrichtung, sondern der allgemeinen Gesetze, denen die Gesellschaft unterliegt. Er ist daher gerecht.“ Die Höhe des Zinses reguliere sich durch Angebot und Nachfrage, doch ohne großen Schwankungen unterworfen zu sein, weil jedes Steigen desselben durch Begünstigung, jedes Fallen desselben durch Hinderung der Kapitalbildung ein rasch wirkendes Mittel in sich selbst trage. Das hedonische Prinzip, das für die Nationalökonomie dasselbe sei, was das Gesetz der Schwere für die Physik, bewirke, daß Zins und Lohn zusammen steigen und fallen müssen, denn wenn der Lohn sinke, müsse auch der Zins im Verhältnis sinken, sonst werde es vorteilhafter, Arbeit in Kapital umzuwandeln, als sie direkt aufzuwenden, während, wenn der Zins sinke, der Lohn ebenfalls entsprechend sinken müsse, da sonst die Vermehrung des Kapitals verhindert werden würde. Sobald Rente entsteht, wird der gemeinsame Anteil der Arbeit und Kapitals geschmälert, der Zins wird sinken, je nachdem der Lohn sinkt. Die Arbeit und das Kapital haben somit identische Interessen.

Was das Lohngesetz anbetrifft, so bewirkt „das Fundamentalprinzip menschlicher Tätigkeit“, das hedonische Prinzip, wiederum eine Ausgleichung des Lohnes bei gleicher Anstrengung, unter gleichen Verhältnissen. Es ist klar, daß der Lohn in allen verschiedenen Erwerbsschichten schließlich von dem Lohne der niedrigsten und breitesten Schicht abhängen muß, daß somit der allgemeine Lohnsatz steigt und fällt, je nachdem jener steigt und fällt. Die ursprünglichen und fundamentalen Beschäftigungen, auf denen sozusagen, alle anderen beruhen, sind zweifellos die, welche von der Natur Güter gewinnen; deshalb muß deren Lohngesetz das allgemeine Gesetz des Lohnes sein. Somit wird der Lohn bestimmt durch die Größe des Produkts, welches die Arbeit auf dem besten, ihr ohne Zahlung von Grundrente zugänglichen Boden erzielen kann. Die Arbeit kann aber nicht, wenn sie auch von der Konkurrenz dazu getrieben wird, bei einem geringeren Lohne als dem, der zur Fristung des dürftigsten Lebensunterhaltes hinreicht, bestehen. Deshalb sei das geringste Land, das in Kultur genommen werden kann, dasjenige, welches neben der Reproduktion des etwa aufgewendeten Kapitals und dem Zins desselben gerade noch den Betrag des Existenzminimums als Lohn für die Arbeit trägt. Und da nach dem Rentengesetz alles, was den Ertrag des geringsten Bodens übersteigt, Grundrente ist, so könne für die Arbeit auch auf dem besten Boden nicht mehr als der Betrag des dürftigsten Lebensunterhaltes übrig bleiben. Das Unvermögen der Löhne, als eines Teiles des Arbeitsproduktes, mit der zunehmenden Produktionskraft zu steigen, sei der Steigerung der Rente zuzuschreiben. Sie sauge den ganzen Gewinn auf, und der Pauperismus begleite den Fortschritt.

Da die Bevölkerungszunahme die Ausdehnung der Produktion auf niedrigere natürliche Niveaus und damit eine Steigerung der Rente bewirke, da ferner die Wirkung der Erfindungen und Verbesserungen in den produktiven Gewerben ebenfalls dahin tendiert, den Anbau auszudehnen, und wo dies die Grenze des Anbaues verengert, die Rente zu steigern, so führe die durch alle diese Wirkungen intensiv beeinflußte, allgemeine und permanente Erhöhung der Landwerte in einem fortschreitenden Lande zu Spekulationsankäufen von Land, wodurch die Grenze des Anbaues noch weiter beengt werde, als es die Erfordernisse der Produktion an sich nötig machten. Die große ursprüngliche Ursache der immer wiederkehrenden Krisen sei eben in der spekulativen Steigerung der Landwerte zu suchen und in der Art, in welcher diese spekulative Erhöhung den Erwerb der Arbeit und des Kapitals beschneidet und die Produktion hemmt. Denn wenn durch die Spekulation die Landwerte über den Punkt getrieben werden, bei welchem, unter den bestehenden Produktionsverhältnissen, ihre gewohnten Erträge der Arbeit und dem Kapital überlassen bleiben würden, fange die Produktion an, zu stocken, oder was in einem fortschreitenden Lande gleichbedeutend mit einer absoluten Produktionsverminderung in einem stationären Lande ist, die Produktion nehme nicht entsprechend zu, weil der neue Zuwachs an Arbeitskräften und

Kapitalien zu den gewöhnlichen Sätzen keine Beschäftigung finde. Es sei überall klar ersichtlich, daß eine spekulative Steigerung von Landwerten unabänderlich allen diesen Zeiten industrieller Krisen voraufgehe, und daß sie zueinander im Verhältnis von Ursache und Wirkung stehen, müsse jedem einleuchten, der die notwendige Verbindung zwischen dem Grund und Boden und der Arbeit in Betracht ziehe. Wäre die Ausnutzung des Bodens nicht so durch die Rente erschwert, so könnten ferner diejenigen, die in der Industrie keine Verwendung ihrer Arbeitskraft finden, Beschäftigung erhalten und alle Waren, die in Zeiten der Krisen unverkauft liegen bleiben, könnten Absatz finden.

George kommt zur festen Überzeugung, daß der Grund, weshalb trotz der Zunahme produktiver Kraft der Lohn beständig einem Minimum zustrebt, darin liegt, daß die Grundrente noch mehr als die Produktionskraft zu steigen strebt und so eine beständige Tendenz zum Niederdrücken des Lohnes hervorbringt. Die Grundrente ist also, alles in allem, die Ursache des Pauperismus, der Krisen, des ehernen Lohngesetzes. Das Steigen der Grundrente wird von George als „das gefräßige Ungeheuer betrachtet, welches der Arbeit und dem Kapital, dessen Interessen ihm identisch sind, die Tatze auf die Brust setzt, um beiden höchstens das zur notdürftigsten Existenz Benötigte übrig zu lassen". (Flürscheim).

Um alle diese Mißstände abzuschaffen, um der Arbeit ihren vollen Ertrag und ebenso dem Kapital das ihm zukommende Einkommen zu gewähren, gebe es nur ein Mittel, und dies sei: den Grund und Boden zum Gemeingut zu machen, den privaten Bezug der Grundrente zu beseitigen. Und zwar ohne Entschädigung der früheren Grundbesitzer, weil der individuelle Grundbesitz, vom historischen Standpunkte aus beleuchtet, eine Usurpation, ein Produkt der Gewalt und des Truges sei. Und ebenso wie die Sklavenhälter bei der Sklavenbefreiung ihr Eigentum verloren hatten, so sollen auch die Grundbesitzer unentschädigt die Rente verlieren. Es sei aber dazu nicht nötig, das Land zu konfiszieren und es vom Staate verwalten zu lassen. Man müsse vielmehr den früheren Besitzern den Eigentumstitel nach wie vor lassen und ihnen einen Prozentanteil für die Verwaltung überlassen, die Rente aber müsse dann dem Staate zufallen. Es sei also nur nötig, die Rente zu appropriieren und zwar auf dem Wege der Besteuerung. Die Grundsteuer müsse so ausgestaltet werden, daß die ganze Grundrente absorbiert werde; dann könnte dafür alle Besteuerung außer der auf Grundwerte abgeschafft werden. Daher der Name single tax men für die Anhänger von George.

Bei dieser radikalen Form bliebe doch das Grundbesitzrecht der Form nach unverändert, aber tatsächlich würde das Privileg des Grundbesitzers, ein Extraeinkommen aus seinem Boden zu beziehen, fortfallen und der Gewinn würde der Gesamtheit zu gute kommen. Es ist allerdings sehr unklar, wie sich denn eigentlich die Sache mit dem freien Zutritt zum Lande gestalten sollte, wenn doch der Boden faktisch in den Händen der früheren Grundbesitzer bleibt, die, wenn er auch kein Extraeinkommen ergeben würde, ihn schon wegen seiner politischen Qualität behalten würden? Denn in seinen weiteren Ausführungen über die Wirkungen des Heilmittels behauptet George, daß der Arbeitslohn, durch den Umstand beeinflußt, daß dem Arbeiter jederzeit freies Land zur Benutzung stehen würde, nie unter denjenigen Betrag sinken werde, den der Arbeiter als selbständiger Benutzer des Bodens erzielen kann.

Durch die Einführung der Steuer auf Landwerte, die die gerechteste und unparteiischste aller Steuer sei, würde das ganze enorme Gewicht der Besteuerung von den produktiven Gewerben entfernt werden. Die Produktion würde dadurch eine außerordentliche Steigerung erfahren, die Krisen werden verschwinden, denn durch die Wegsteuerung der Rente durch den Staat werde der Bodenspekulation ein Ende bereitet werden. Diese Steuer werde der Tendenz zur Ungleichheit entgegenwirken und wenn man die ganze Rente als Steuer einfordere, die Ursache der Ungleichheit gänzlich beseitigen. Arbeit und Kapital würden dann den ganzen Ertrag erhalten minus den vom Staate in der Besteuerung der Landwerte genommenen Anteil, welcher, zu öffentlichen Zwecken verwendet, sich unter dem Publikum gleichmäßig verteilen würde. Durch diese Ausgleichung in der Güterverteilung würde die Leistungsfähigkeit enorm vermehrt werden. Alle Klassen, deren Interessen als Grundherren ihre Interessen als Arbeiter oder Kapitalisten nicht bedeutend überragen, würden direkt gewinnen. Und mit dem allgemeinen Wohlstand werden die edelsten menschlichen Triebe und Neigungen, sowohl ethischer als auch geistiger Natur zu ihrer höchsten Entfaltung gelangen.

Ohne auf eine Kritik seiner einzelnen theoretischen Sätze und Postulate einzugehen, die bei weitem nicht alle stichhaltig sind, so namentlich seine Krisentheorie, muß hier auf eins, auf den Fundamentalfehler der Georgeschen Lehre hingewiesen werden: es geht ihm vollständig das Verständnis ab für die Funktionen des Kapitals im Produktionsprozeß. Und Marx hat Recht, wenn er in einem vom 20. Juni 1881 datierten Briefe an einen seiner Freunde in Amerika meint „der Mann (George) ist theoretisch total arrière. Von der Natur des Mehrwerts hat er nichts verstanden und treibt sich daher nach englischem Vorbild in dabei noch hinter den Engländern zurückgebliebenen Spekulationen über die verselbständigten Stücke des Mehrwerts herum". (Das letztere ist nicht der spezifische Fehler Georges.) Und abermals mit Recht weist Marx darauf hin, daß es bei George um so unverzeihlicher ist, als er sich umgekehrt die Frage hätte stellen müssen: wie ging es zu, daß in den Vereinigten Staaten, wo relativ, d. h. verglichen mit dem zivilisierten Europa der Boden der großen Volksmasse zugänglich war und bis zu einem gewissen Grade (wieder relativ) noch ist, die Kapitalwirtschaft und die entsprechende Knechtung der Arbeiterklasse sich rascher und schamloser entwickelt haben, als in irgend einem anderen Lande.

Es ist geradezu naiv und zeugt unleugbar von einer deduktiven Voreingenommenheit für eine Idee, ohne die induktiven Instanzen, die in die Augen springenden Tatsachen beachten und berücksichtigen zu wollen, daß George angesichts der sich großartig entwickelnden Industrie mit ihrem Gefolge von kolossaler Anhäufung von Reichtum und Macht auf einer und Proletarisierung immer weiterer Schichten auf der anderen Seite, wofür Amerika bis zu einem gewissen Grade ein klassisches Beispiel liefert, die immanente Harmonie der Interessen des Kapitals und der Arbeit verkündet.

Auf dem ungenügend tiefen Einblick in das Wesen der kapitalistischen Produktion basiert auch seine Krisentheorie, die geradezu Ursache und Wirkung verwechselt: die spekulative Bodenwertsteigerung stellt nicht die Ursache, sondern die Folgen der Krisen dar, indem die nicht verbrauchten Einkommen wegen der bestehenden Gefahren die Anlage in den die größte Sicherheit bietenden Werten suchen: in Bodenwerten. Auch ist zur Zeit der Krisen das Rohmaterial billiger, und Kapital und Arbeit könnten sich leicht betätigen, wenn nicht andere Momente im Wege stünden. Indem George die Folgen, die sich in Nordamerika wegen der dortigen, eigenartig gestalteten Verhältnisse bei der Landspekulation ergeben, rücksichtslos generalisiert, während er die spezifischen Vorbedingungen zur Spekulation, das rapide Anschwellen der Bevölkerung übersieht, begeht er den Fehler der absoluten Dogmatisierung, ein Fehler, durch den schon nicht wenige, wenn auch noch so sorgfältig ausgebaute Theorien zur Unfruchtbarkeit verdammt wurden.[1]

Als „Fortschritt und Armut“ 1879 erschien, das nach seinem deutschen Übersetzer Gütschow ein vollständig ausgebautes System der Sozialpolitik darstellt, erregte es großes Aufsehen und erwarb eine große Anhängerschaft in Amerika und England, und im letzteren namentlich unter der noch in kleinbürgerlichen Ideenkreisen befangenen Arbeiterschaft und der radikal gesinnten Bourgeoisie, die dank den obenerwähnten

---

[1] Sartorius von Waltershausen bezeichnet George mit Recht in seinem Werke „Der moderne Sozialismus in den Vereinigten Staaten von Amerika“ als einen Steuerutopisten, der sich von Bazard und den St. Simonisten nicht durch seine utopischen Ideen, sondern rein äufserlich dadurch unterscheidet, dafs er zur Durchführung seiner Reformen nicht die Erbschaft, sondern den Grund und Boden besteuern will“.

feudalen Verhältnissen des Grundbesitzes, am Steigen der städtischen Grundrente, am Baustellenwucher und dergleichen nicht interessiert war. Der Angriff auf die Latifundien vereinigt die sogenannte Arbeiteraristokratie und die städtischen Mittelklassen und gibt ihnen ein gemeinsames Programm. Zudem waren die Arbeiter, dank der Domination des Trade-Union-Systems, von den Ideen des Sozialismus nicht durchdrungen und geneigt, in der Grundrente die Wurzel des Übels zu sehen. Trotz der spezifischen Bedingungen der Agrarverfassung vermochte die Idee der Verstaatlichung des Grund und Bodens, des sozialistischen Scheines wegen, nicht eine größere Gefolgschaft aus den Kreisen des Bürgertums zu gewinnen — ihre meisten Anhänger rekrutieren sich aus den Kreisen der dem bürgerlichen Radikalismus ergebenen Arbeiteraristokratie.

Als die unmittelbare Folge der Georgeschen Agitation ist die George-Partei in Amerika anzusehen, zu deren hervorragendsten Mitgliedern der katholische Pater Dr. Eduard Mc. Glynn gehörte, der im engsten Anschluß an George die Anti-Poverty Society ins Leben gerufen hat, welcher Verein nicht Linderung, sondern Aufhebung der Armut, und zwar auf dem Wege der single tax anstrebt. Das riesige rapide Anschwellen der Rente, namentlich der städtischen, unter dem Einfluß des kolossalen Emigrationsstromes, der sich über Amerika ergoß, war so in die Augen springend, daß es ein tieferes Verständnis der ökonomischen Phänomene, namentlich bei dem nicht so hohen geistigen Niveau der Arbeiter, verhinderte und ihnen die Rente als den, wenn nicht ausschließlichen, so doch wichtigsten Faktor im Produktionsleben erscheinen ließ. Die in New-York entstandene United Labor Party hat die Forderungen Henry Georges zu den ihrigen gemacht.[1] Ver-

[1] Diese Partei hat sich aber bald aufgelöst infolge der Spaltung, die dadurch entstand, daß sich George den freihändlerischen Demokraten anschloß, während ein großer Teil seiner Anhänger mit Mc. Glynn an der Spitze mit den Republikanern gemeinsame Sache machte. Parteilos verfochten, hat die Sache insofern Erfolge aufzuweisen, als sie zum Gegenstand allgemeiner Diskussion wurde — auf dem Gebiete positiver Erscheinungen hat sie keine Erfolge zu verzeichnen.

schiedene Arbeiterorganisationen New-Yorks stellten auf einer Konvention ein Programm auf, welches unter anderem besagt: „Wir erklären, daß der enorme Wert, welchen die Anwesenheit von anderthalb Millionen Menschen dem Grund und Boden dieser Stadt gibt, von rechtswegen der ganzen Gemeinde gehört, daß derselbe nicht zu Bereicherung von Individuen und Korporationen, sondern in Form von Steuern zur Verbesserung und Verschönerung der Stadt, zur Beförderung der Gesundheit, Bequemlichkeit, Erziehung und Erholung der Bürger dienen sollte, ebenso zur Herstellung von Verbindungslinien, wie sie den Bedürfnissen der großen Metropole angemessen sind.“ [1] Die „progressive Arbeiterpartei“, die in ihrem im September 1887 entworfenen Programm die Forderung aufstellte, daß allen „die freie Benutzung des Grund und Bodens und der Arbeitsmittel gestattet werden solle, ohne den Landlords oder den Monopolisten Tribut dafür zu entrichten“, löste sich bald auf.

Hingegen hat die Knigths of Labor-Partei die Ideen Georges bis zu einem gewissen Grade aufgenommen, und es entstanden auch zahlreiche single tax clubs. Der überhaupt nur theoretische anfängliche Erfolg Georges in Amerika ist insofern erklärlich, als er das Volk vor die direkte Einwirkung der persönlichen Aneignung von Grundrente gestellt hat, und als die Arbeiter ursprünglich weder tüchtige ökonomische Organisationen, noch eine Zentralisation derselben besaßen. (Auch hat sich George dadurch viele Anhänger in Amerika, besonders aber in England erworben, daß er ein radikaler Freihändler, ausgesprochener Gegner aller übrigen Steuern und Zölle ist.) Durch das Wiederaufblühen der Industrie seit 1878 und nicht am wenigsten durch den mißlungenen großen Eisenbahnausstand von 1877 wurde das Wachstum der Arbeiter-

---

[1] Auf Grund dieses Programms stellte man George zum Kandidaten für das Bürgermeisteramt der Stadt New-York auf. Er erhielt aber, trotz der großartig angelegten Agitation 67 699 Stimmen, während sein demokratischer Gegenkandidat mit zirka 90 000 Stimmen die Majorität hatte.

organisationen gefördert, und F. A. Sorge[1] muß wohl recht haben, wenn er meint, George habe der Arbeiterbewegung erheblich geschadet, indem er sie von dem unmittelbaren Kampf gegen das industrielle Kapital abhielt. Die Entwicklung der ökonomischen Verhältnisse, welche den unmittelbar gegebenen Gegensatz zwischen Kapital und Arbeit immer schärfer hervortreten ließ, führte konsequenterweise dahin, daß die bislang noch sehr schwachen politischen Arbeiterorganisationen mehr und mehr politische und sozialpolitische Forderungen allgemeiner Natur in ihr Programm aufnahmen und so mehr und mehr den Kampf gegen das mobile Kapital in den Vordergrund rückten. Positive Erfolge hat diese Bewegung in Amerika, wie erwähnt, nicht aufzuweisen.

In England wurde unmittelbar durch George die Land Restoration League (1884) und zu Glasgow, dem Hauptsitze der schottischen Bewegung, die Scottish Land Restoration League, ins Leben gerufen — Vereine, als deren Ziel die Abschaffung des Großgrundbesitztums durch die stetige Erhöhung der Steuer auf Land bis zur völligen Aufsaugung der Grundrente proklamiert wird. Die Expropriation der Expropriateure soll ohne Entschädigung vor sich gehen. Als erster Schritt wird die Wiederherstellung der alten Grundsteuer von 4 sh per £ Einkommen und gesetzliche Ermächtigung der Lokalbehörden, alle Steuer auf die Grundrente zu legen, empfohlen. Diese Liga hat während der Jahre 1891—92—93 eine äußerst energische und rege Agitation entfaltet, als deren unmittelbar konkretes Ergebnis lediglich die Entstehung von Arbeiterklubs und -Verbänden zum Schutze der Interessen der bis dahin sozial indifferenten Landarbeiter und ein umfangreiches Material über die Lage und Arbeitsbedingungen derselben anzusehen ist, — irgendwelchen Einfluß auf die gesetzgeberische Gewalt hat sie ebensowenig wie in Amerika ausgeübt. Nur eine kleine Gruppe von Politikern unter dem Namen „The Land Values Taxation Committee“ hat

[1] „Die Arbeiterbewegung in den Vereinigten Staaten von 1877—85“, Neue Zeit 1892.

sich der Sache insofern angenommen, als sie für eine stärkere Erhöhung der Grundsteuer eintritt. Mit dem immer weiter um sich greifenden Durchdringen der Arbeitermassen mit den Ideen des Sozialismus ist ein großes unüberwindliches Hindernis der weiteren Verbreitung der bodenreformerischen Bestrebungen gegeben.[1]

Neben der Land Restoration League besteht der von Alfred Russel Wallace 1881 ins Leben gerufene Verein, die Land Nationalization Society, dessen Organ Land and Labor ist. Neben Wallace wird dasselbe von Hyder und Aldrigde geleitet. Die Grundprinzipien dieses Vereines laufen mit denen Georges nicht parallel – der Staat soll das Obereigentum am Grund und Boden haben, aber das Eigentum des Staates soll sich nicht auf die Meliorationen, sondern nur auf den Wert des Bodens erstrecken, soweit er den Naturkräften und den allgemeinen gesellschaftlichen Verhältnissen zu verdanken sei. Außerdem anerkennt dieser Verein das Entschädigungsrecht der bisherigen Eigentümer. Zurzeit ist die Differenz zwischen diesen beiden Gruppen so gut wie verwischt, denn auch die zuletzt gekennzeichnete will als ersten praktischen Schritt die Besteuerung der Grundrente nach dem Prinzip der Selbstschätzung und das Kaufrecht des Staates zu dem festgesetzten Werte. Allerdings solle dieses Einkommen nicht zur Verringerung der auf anderen Produktionszweigen lastenden Abgaben, sondern zur Ablösung des Bodens verwendet werden.[2]

---

[1] Das intensive Abschwächen der bodenreformerischen Ideen in England bestätigt auch Bernstein. (Siehe „Herr Bernstein und die englische Bodenreformbewegung“ von Flürscheim in der Deutschen Volksstimme 1897.)

[2] Die diesbezüglichen Ideen entwickelt Wallace in folgenden Schriften: „How to nationalize the land, a radical solution of the Irish Land problem“, 1880, „Land nationalization, its necessity and its aims“, 1882, und „The ‚why‘ and the ‚how‘ of Land nationalization“, 1883. Wenn der Gedanke der Bodenbesitzreform in der Fassung von George auch mehr und mehr den Boden unter den Füßen verliert, so gewinnt anderseits das zentrale Prinzip der deutschen Bodenreform, das der Besteuerung nach dem gemeinen Werte, bei dem vornehmlich aufs praktische und unmittelbar durchsetzbare gerichteten Sinn der Eng-

Konkrete Erfolge hat diese Bewegung nur in einem Lande, das durch seine ganze historische Entwicklung und seine von der Konjunktur des Weltmarktes unabhängigen Absatzverhältnisse zum empfindlichsten Objekt sozialpolitischer Experimente bestimmt ist, in Australien, aufzuweisen.

Als am Ende des 19. Jahrhunderts die Bevölkerung in Neu-Seeland infolge der harten Krise absolut abgenommen hatte und sich eine Menge Arbeitsloser in den Städten aufhäufte, sah sich die Regierung genötigt, den Arbeitern Erwerb und Besiedelung von Land zu erleichtern und hat dementsprechend ihre Agrarpolitik gründlich geändert. Im ersten Entwicklungsstadium haben Bodenspekulanten große Flächen Landes an sich gebracht. Solange die Bevölkerung dünn war, führte die Konzentration von Grund und Boden in einigen Händen noch nicht zu großen Mißhelligkeiten. Als aber die Einwanderung sich intensiv hob, konstatierte man, daß eine große Masse des fruchtbarsten und ökonomisch am besten verwertbaren Bodens der Kolonie großen Grundbesitzern und Aktiengesellschaften gehöre, deren Gutskomplexe oft 100000 Acres und mehr betrugen. Dieses Land wurde nicht in Kultur genommen — die kapitalkräftigen Spekulanten hielten es der Bebauung vor, um die Bodenpreise zu steigern. Die Regierung versuchte diesem Übel zu steuern, indem sie eine stark progressive Steuer einführte. Dadurch wurden die Großgrundeigentümer gezwungen, entweder die Besiedelung ihres Besitzes sofort in Angriff zu nehmen oder ihn zu verkaufen. Man verminderte so die Zahl der Latifundien. Es wurde außerdem eine „Lands

---

länder immer mehr Anklang — das neue liberale Ministerium trägt entschieden derartige Tendenzen zur Schau. Der Schatzkanzler Asquith hat in Vertretung des Premierministers eine Deputation von 150 Magistratspersonen empfangen, mit den Oberbürgermeistern von Glasgow und Manchester an der Spitze, die 518 Petitionen mit der Forderung der möglichst schnellen Einführung der Steuer nach dem gemeinen Werte überreichte. Asquith hat die Deputation seiner Sympathie versichert, indem er auseinandersetzte, daß die Bodenreform, richtig verstanden, nie eine Verletzung, sondern eine Bestätigung des Eigentumsbegriffes sei.

for settlement act" erlassen, welche die Regierung ermächtigte, große Landgüter zu einem durch Sachverständige bestimmten Preise zu kaufen, auch wenn der Eigentümer dagegen opponierte. Auf diese Weise wurden kleinere Stellen gebildet, welche der Staat zum Kostenpreise abgab.

Die ganz spezifischen Entwicklungsbedingungen, als da sind: 1. die Homogenität der Arbeiter (zu 95% britischer Abkunft), 2. die Isoliertheit Australiens infolge der Weite des Seewegs und dadurch Verhinderung des Einströmens billiger organisationsfeindlicher Arbeitskräfte, 3. die Anhäufung der Bevölkerung in den Städten — dadurch Erleichterung des Wachstums der Gewerkvereine — und ferner der Umstand, daß die Arbeiterbewegung dank der eigentümlichen Konstitution der australischen Gesellschaft seitens des Publikums und der Regierung eine günstige Beurteilung genießt, haben der ganzen australischen Arbeiterbewegung ein charakteristisches Gepräge verliehen — sie ist sehr gemäßigt und der soziale Radikalismus ist so gut wie unbekannt. Die ökonomischen Reformbewegungen tragen dort einen wenn auch nicht allzu pronozierten Charakter der Staatseinrichtung. (Siehe „Die Arbeiterbewegung in Australien und Neu-Seeland" von Morton A. Aldrich in Conrads Jahrbüchern für Nationalökonomie und Statistik von 1898.) Es ist ein Gas- und Wassersozialismus, wie die extremen Sozialisten spottweise sagen. Und es ist auch natürlich, daß unter diesen Bedingungen die Georgesche Agitation in Australien einen fruchtbaren Boden fand.

Bekanntlich hat die Arbeiterbewegung in Australien, die sich bis 1890 nur auf Organisation und Ausbau der Gewerkvereine beschränkte, seit dieser Zeit ihre Kampfmethode geändert: die Arbeiterschaft als solche hat sich als geschlossene Gruppe am politischen Leben beteiligt und sich als eine von anderen Parteien differenzierte parlamentarische Fraktion konstituiert, die ihre Vertreter aus eignen Kreisen in das Parlament sendet. Diese Arbeiterparlamente sind in Südaustralien am mächtigsten. Es schweben ihnen im allgemeinen drei Ideale vor: 1. die Stärkung der politischen und wirtschaftlichen Macht der Gewerkvereine, 2. die Einführung einer einzigen

Grundrentensteuer nach dem Vorschlage von Henry George und 3. die Förderung der Evolution des Arbeiterstandes auf dem Wege des Staatssozialismus.

Im Programm der Arbeiterparlamente, welche im November 1893 in Sydney zusammentraten wurde unter anderem als erster Programmpunkt aufgestellt: „Besteuerung der aus dem Grundeigentum fließenden Einkünfte mit Ausnahme derjenigen, welche aus Meliorationen entstehen.“ In Neu-Seeland wurde die Kapitalsteuer abgeschafft und gegen eine progressive Grundrentensteuer und nach oben hin stark progressive Einkommensteuer eingetauscht; wobei aber der kleinere Boden steuerfrei bleibt. Bei Widerspruch des Eigentümers gegen die Taxe steht es der Regierung frei, mit einem Aufschlage von 10% auf die Schätzung das Land zu kaufen. Es sind auch Flächenmaxima aufgestellt worden, über welche hinaus niemand Boden erwerben oder pachten darf. In Viktoria herrscht das gleiche Prinzip bei der Grundsteuer. Die Skala derselben ist die folgende:

Wert des Landes	Steuersatz Pence in £	Prozent
70 000— 90 000	$1^1/_8$	0,47
90 000—110 000	$1^1/_4$	0,52
110 000—130 000	$1^3/_8$	0,57
130 000—150 000	$1^1/_2$	0,62
150 000—170 000	$1^5/_8$	0,68
170 000—190 000	$1^3/_4$	0,73
190 000—210 000	$1^7/_8$	0,78
210 000 oder mehr	2	0,83

In Adelaide und in Neu-Süd-Wales ist die Grundrentensteuer, als deren Basis der Wert des unverbesserten Bodens gilt, nach Georgeschen Vorschlag eingeführt. Die Arbeiterpartei von Neu-Süd-Wales hat folgendes Postulat aufgestellt: „Verbot jeder weiteren Veräußerung von Staatsgut; gesetzgeberische Anerkennung der natürlichen und unveräußerlichen Rechte der Gemeinschaft auf den Grund und Boden, auf dem allein jeder leben kann — und von dem allein die Arbeit Ertrag ziehen kann — durch das Mittel einer Steuer, die jeden Mehrwert trifft, der dem Boden unabhängig von der individuellen Initiative durch allgemein wirkende Ursachen erwächst". Durch alle diese Maßregeln ist die Tendenz zur Spekulation zurückgedrängt.

Aber dieses Land, das die Georgeschen Ideale, wenn auch nicht vollständig, ins Leben umgesetzt hat, das die möglichst weite Verwirklichung seinen Prinzipien gewährt hat, dieses Land spricht auch eine unverkennbare und jedem verständliche Sprache von der Unzulänglichkeit des von George mit solchem Eifer angepriesenen Allheilmittels — trotz dieser Panacea ist die soziale Frage nicht gelöst, der Kampf nicht beigelegt, die Interessenharmonie nicht hergestellt. Mit Recht sagt August Oncken in seiner Erwiderung auf den Vortrag von Schär (siehe Zeitschrift für schweizerische Statistik): „Beide Systeme, Privateigentum und Verstaatlichung des Bodens, bestehen in Australien nebeneinander. Es ist aber dabei merkwürdig, daß da, wo der Privatgrundbesitz besteht, allerdings zum Staatsgrundbesitz hingestrebt wird, aber auch da, wo der Staatsgrundbesitz eingeführt ist, gilt umgekehrt der Privatgrundbesitz als anzustrebendes Ziel."

b) Frankreich und die Schweiz.

In Frankreich wird diese vorherrschend theoretische Bewegung vom „socialisme rationnel" oder „collectivisme rationnel" repräsentiert und ist relativ neuen Datums, abgesehen natürlich von den kommunistischen Bestrebungen der Meslier, Mably, Morelly und anderer mehr, die nicht unter die von mir definierte Kategorie der Bodenbesitzreformer fallen.[1]

Die Anhänger dieser Bewegung, die in ihrer edlen Begeisterung für ihre Sache mit allen nur zulässigen Mitteln jeden mehr oder weniger hervorragenden Geist zu ihrem Gesinnungsgenossen zu stempeln bestrebt sind, weisen alle auf

---

[1] Zu ihnen gehört auch Considérant, der durch die prononzierte Betonung der Unrechtmäßigkeit des Bodenbesitzes nur seine Theorie des Rechts auf Arbeit zu stützen suchte. (S. Théorie du droit au travail et du droit de propriété von 1848, bei L. Stein noch zu der Fassung von 39 wiedergegeben.)

den ersten Verkünder ihrer Wahrheiten in Frankreich, auf J. J. Rousseau hin, der im zweiten Teil seiner Schrift „Discours sur l'origine de l'inégalité" folgendes ausführt: „Der erste, welcher ein Stück Feld umzäunte und zu den anderen sagte „das ist mein" und Leute fand, die, leichtgläubig genug, ihm dies glaubten, war der wahre Stifter der bürgerlichen Gesellschaft. Wie viele Laster, Kriege, wie viel Elend hätte der dem Menschengeschlechte erspart, der den Zaun wieder eingerissen, den Graben wieder ausgefüllt und zu den anderen dann gesagt hätte: glaubt diesem Betrüger nicht. Ihr seid verloren, wenn ihr einmal vergeßt, daß die Erde keinem allein, die Früchte aber allen gehören." Allein es genügt eine auch nur oberflächliche Bekanntschaft mit den Grundansichten Rousseaus über die sozialen und kulturellen Erscheinungen seiner Zeit, um die Ansichten von der Verwandtschaft seiner Ideen mit denen der Bodenreformer als unstichhaltig zu verwerfen — nicht gegen das Bodeneigentum, als Spezialerscheinung unserer bürgerlichen Kultur erhebt er leidenschaftliche Klage. Als Urheber wird gewöhnlich Jean Guillaume César Alexandre Hyppolite de Colins (geboren 1783 zu Brüssel, gestorben 1859 zu Paris) hingestellt und namentlich auf Grund seiner Werke: „Le pacte social" von 1835 und „Le socialisme rationnel ou association universelle des Amis de l'Humanité" von 1849 [1]. Wenn nicht das Prioritäts- so doch das Anspruchsrecht der gleichzeitigen Verkündung dieser Lehren gehört m. E. Louis Joseph Antoine de Potter, dem Chef der provisorischen Regierung nach der belgischen Septemberrevolution. (Bekannt ist seine Aussage, daß die Reform von oben, der „heilsame Schrecken" aber von unten kommen müsse, der zwingen wird, die Axt der Reform an die Wurzel der Mißstände zu legen.)

---

[1] A. Weber meint in seiner schon wiederholt erwähnten Schrift, de Colins sei von dem Werke François Vidals, „De la repartition des Richesses où de la justice distributive en économie sociale" von 1846, durch die dort ausgeübte scharfe Kritik der Privilegien der Grundbesitzer zu seinen bodenreformerischen Gedanken angeregt worden. Allein Vidal greift in gleich scharfer und wirksamer Weise auch das Kapital an — er ist der Kommunist par excellence.

Ihre beiderseitigen Ideen berühren sich so eng, bis auf Details miteinander, daß man von einer absoluten Verschmelzung, von einem gemeinsamen System sprechen kann. Sie lassen sich folgendermaßen formulieren: von einer Philosophie ausgehend, die eine seltsame Mischung von Spiritualismus und Atheismus darstellt, kommt Colins zur Überzeugung der Gleichheit und Brüderlichkeit aller Menschen. In den weiteren konsequenten Folgerungen seiner Ideen von dem Menschen, als „Agens" und der Materie als „Patiens", auf das der Mensch als Agens zum Zwecke der Produktion wirkt, wobei aus dem Zusammentreffen dieser beiden Elementen des Produktionsprozesses, der Arbeit und der Materie, Güter entstehen, kommt er dazu, daß ein Mensch eine Sache haben müsse, auf die er seine Kräfte wirken lassen, die er bearbeiten könnte. Daraus ergibt sich nun die wichtige Folgerung: die Arbeit ist frei, wenn der Urstoff oder der Boden ihr gehört, im anderen Falle ist sie geknechtet, denn dann kann der Mensch in der Tat seine Tätigkeit nur mit Erlaubnis der Besitzer des Stoffes ausüben und wer, um tätig zu werden, der Genehmigung eines anderen bedarf, ist offenbar nicht frei — die Arbeit befindet sich unter solchen Umständen in Sklaverei. Und da der Arbeiter von jeder Teilnahme am Boden ausgeschlossen ist, so sind die Besitzer desselben in der Lage, anstatt den Arbeitern das ihnen gebührende Produkt ihrer Arbeit zu geben, sie mit einem Lohn abzufinden, der ihnen nur das Existenzminimum sichert. Damit alle Glieder der Gesellschaft freien Zutritt haben resp. dauernd Besitzer des nationalen Grund und Bodens sind, muß dieser zum Kollektiveigentum gemacht werden. Die Distribution der Güter erfährt darunter insofern einen radikalen Umschwung zugunsten der Arbeit, als der Lohn nach den sich selbst regulierenden Gesetzen von Angebot und Nachfrage sein Maximum erreiche und sich dem vollen Arbeitsprodukte nähere, denn wo der Boden allen zugänglich ist, wo die Arbeit frei ist und sich ohne irgend welche Hemmnisse betätigen kann, dort ist jedem seine Existenz gesichert, und es schwindet die eherne Notwendigkeit, in den Dienst eines anderen zu treten.

Wenn der Boden im individuellen Besitz sich befindet, dann schreiten Reichtum auf der einen und Mangel auf der anderen Seite wie zwei parallele Linien und gerade proportional der Entwicklung der Intelligenz in der Gesellschaft. Ist der Boden dagegen Kollektiveigentum, so vermehren sich die Reichtümer aller proportional der Tätigkeit eines jeden und proportional dem Fortschritt der Zivilisation. Der Boden soll in Pachtgüter eingeteilt und diese, mit Betriebskapitalien ausgestattet, im Wege öffentlicher Lizitation an den Meistbietenden in Pacht gegeben.

Als abstrakter Denker, dem es vor allem auf die graue Theorie und nicht auf die grüne Praxis ankommt, spricht Colins wenig von der Form der Ablösung, allein über soviel Einsicht in das wirtschaftliche Getriebe verfügt er doch, um auch das Privateigentum an Mobilien insofern anzugreifen, als er die Forderung aufstellt, daß der Gesellschaft auch ein Teil der Kapitalien gehören solle, durch deren Ausleihung der Zins gedrückt und der Exploitation der Arbeit ein weiterer Damm entgegengestellt werden solle. Ferner sollte auch die Erbschaft auf die direkte Linie beschränkt sein, wobei alle Erbfolgen mit einer Steuer belastet sind, die Intestaterbfolgen aber, mit Ausnahme der direkten, der Gesellschaft zufallen. Die ganze Bodenrente bildet den sozialen Fonds, der zur Befriedigung der sozial-kulturellen Bedürfnisse der Gesellschaft dienen solle. Die letztere gewährt jedem Bürger eine freie theoretische und praktische Erziehung, und es soll auch jeder Unabhängige eine Mitgift aus dem Überschuß der Staatseinkünfte erhalten, wodurch ihm die Möglichkeit gewährt wird, isoliert oder in Assoziation mit anderen zu produzieren. Mit der Durchführung dieser Reformen werde das Proletariat und der Pauperismus schwinden. Seine ideelle Verwandtschaft mit den Sozialreformern seiner Epoche bekundet Louis Potter durch seine Behauptung, daß nur die soziale Unwissenheit die Begründung der gesellschaftlichen Ordnung auf dem einzig wahren Prinzip hindere.

Seine ganze Kraft der weiteren Ausdehnung und der Verteidigung dieser Lehren hat Agathon de Potter, der Sohn des eben Genannten, gewidmet, die er unermüdlich, trotz äußerer Mißerfolge, die mit den französischen Verhältnissen gegeben sind, in dem speziellen Organ des rationellen Sozialismus in der Philosophie de l'avenir, durch Frédéric Borde 1875 gegründet, verficht. Sein Standpunkt läßt sich am deutlichsten mit den Worten seiner „Économie sociale" von 1874 charakterisieren: „Die Harmonie der Ordnung und des Eigentums verlangt also die Einrichtung des von mir sogen. relativen Kommunismus, d. h. das Privateigentum, ein Minimum und nur Mobilien umfassend, und das Kollektiveigentum, ein Maximum, den gesamten Grund und Boden und einen großen Teil der Kapitalien umfassend."

Als Anhänger dieser Theorien sind ferner zu nennen: der Apostel des liberalen Katholizismus, François Huet, der in seinem Werke „Règne social du Christianisme" von 1853 analoge Ansichten entwickelt, sodann Hugentobler, Putsage, Borde, Bufquin des Essarts und noch andere. Die neueste Schule der französischen Bodenreformer ist durch A. Toubeau und Eugène Simon repräsentiert. Der letztere veröffentlichte eine Schrift „La cité chinoise" worin er lobend hervorhebt, daß bei den Chinesen nicht Privateigentum, sondern nur Nutzungsrecht am Boden besteht, insofern als der Staat den Grundbesitz mit einer Rente belastet, wobei die Grundsteuer nach der Oberfläche, nicht nach dem Werte und der Ertragsfähigkeit festgesetzt wird. Toubeau verlangt nun in seinem Werke „La répartition métrique des impôts" eine nach den gleichen Prinzipien nach der Oberflächenmasse berechnete Grundsteuer, die mit dem steigenden Volkswohlstande sukzessiv zu erhöhen wäre, so daß sie nach und nach alle Steuern überflüssig machen würde.

An die Gruppe der belgisch-französischen Bodenreformer wird der belgische Prof. Emil de Laveleye fast einstimmig angereiht auf Grund seines Werkes, das seinerzeit großes Aufsehen erregte, „De la propriété et de ses formes primitives" (1874). In dieser Schrift, deren grundlegende Gedanken er in einer Artikelserie in der „Revue des deux Mondes" veröffentlichte, bemüht sich Laveleye auf Grund reichhaltigen

Materials zu beweisen, daß das private Grundeigentum eine historische Kategorie sei, wobei er sich der vergleichenden Geschichtsmethode bedient. Bei der Behauptung, daß ursprünglich überall Gemeineigentum geherrscht hätte, führt Laveleye nicht nur das historische, sondern auch das psychologische Moment an: das Gemeineigentum am Grund und Boden sei der allgemeinen Anschauung der Menschen entsprechender und biete auch größere Garantien für ihre Freiheit und Unabhängigkeit. August Oncken bemerkt mit Recht in seiner Geschichte der Nationalökonomie, daß Laveleye durch das Lob, daß er den altgermanischen und auch den schweizerischen Institutionen spendet, im Grunde nur die Anerkennung will, daß auch aus den alten Verhältnissen noch Winke für unsere moderne Sozialreform geschöpft werden können.

In seinem Werke „Le socialisme contemporain“ (1881, im Kapitel XI, betitelt „Der Kollektivismus und die Verstaatlichung von Grund und Boden“) äußert sich Laveleye in ganz bestimmter Weise folgendermaßen: „Die Rente, als die Hauptursache der Ungleichheit anzusehen, ist ein Irrtum. Es ist vielmehr das unablässig wachsende Kapital, das einen immer größeren Teil des Gesamtertrages wegnimmt. Früher war die Arbeit der Hauptfaktor. Je vollkommener aber heute die Produktionsmittel werden, um so mehr Kapital ist erforderlich; dieses Kapital in der Form von Aktien und Obligationen gestattet seinen Besitzern nicht von der Rente, sondern vom Gewinn und Zins zu leben. Der Zinsfuß sinkt mit der wachsenden Masse des Kapitals, aber die Summe der Zinsen wächst; folglich muß der Gesamtbetrag des Lohnes, wie Rodbertus bewiesen hat, im Verhältnis zu Rente und Zins sinken.“

Die ganze Lehre vom collectivisme rationnel blieb, wie schon angedeutet, auf einen engen Kreis von Akademikern beschränkt und dies Resultat entspricht vollständig der Agrarverfassung Frankreichs, dieses klassischen Typus eines Parzellenlandes. Der Code civile mit seiner zwangsweisen Erbgangsform in natura in Verbindung mit guten Markt- und Absatzverhältnissen und der daraus fließenden Intensivierungsmöglichkeit schufen systematisch eine kräftige, konservative Mittel- und Kleinbauernschaft, an deren „antikollektivistischem Schädel“ schon mancher Versuch der Sozialdemokratie unverrichteter Dinge abprallte. Und neben der konservativen, agrarischen hat Frankreich eine städtische Bevölkerung aufzuweisen, die die revolutionären Traditionen aufrecht erhält, und deren Tendenzen mit den unkonsequenten und dem innersten Wesen nach wenig radikalen Theorien des collectivisme rationnel divergieren. Und so ist denn diese Lehre zur völligen Unproduktivität verdammt — eine Erscheinung, die in der Geschichte der Bodenreform nicht einzig dasteht.[1]

Nach der Assoziation der Ideen knüpft sich unmittelbar an die Skizze des Standes der Bodenreformbewegung in Frankreich auch die der Schweiz. Unmittelbar an die Lehre Flürscheims schloß der schweizerische Bodenreformer Schär mit seiner Schrift an: „Die Bodenbesitzreform, oder wie wird die Hauptquelle der Armut verstopft und das Volk von Steuern und Hypothekenschulden befreit?“ (1890)[2]

1889 bildete sich in der Schweiz eine selbständige Partei mit einem im wesentlichen auf den Prinzipien von George und Flürscheim basierenden Programm, das folgendes besagt:

---

[1] In der „Revue de Socialisme rationnel“ (Januarheft 1906) schreibt Henri Bonnet: „Es ist betrübend, daß wir in Frankreich keine guten Erfolge zu erreichen vermögen.“ Und dann wird melancholisch ausgerufen, „aber der Prophet gilt eben nichts in seinem Vaterlande!“ Wenn er etwas verkündet, das dem Prinzip der historischen Kontinuität und den bestehenden Verhältnissen so diametral entgegenläuft — fügen wir hinzu.

[2] Eine historische Entwicklung der Theorie weist die Schweiz eigentlich nicht auf. Es wäre vielleicht Antoine Élysée Cherbuliez, Professor der Rechte und der Nationalökonomie in Genf und Zürich, zu erwähnen, der in seinem Werke „Richesse ou Pauvreté“ von 1841 für die Aufhebung des individuellen Grundeigentums und für die Notwendigkeit der Bodenverstaatlichung eintrat, eine Maßregel, die, zur Durchführung gelangt, nach ihm folgende Wirkung haben würde: eine imposante, der Gemeinschaft zufließende Rente, die die Abschaffung aller direkten und indirekten Steuern gestatten würde.

1. Die Kommunalisierung resp. Verstaatlichung von Grund und Boden und alle hieraus resultierenden wirtschaftlichen und sozialen Umgestaltungen, lassen sich auf friedlichem Wege erreichen; keine Aufhebung des Eigentums, kein Kommunismus, kein Krieg gegen das Kapital (nur gegen den Zins), keine Staatsproduktion, keine Aufhebung der freien Individualität, überhaupt keine Änderung des jetzigen wirtschaftlichen Systems, daher auch weder Revolution noch Umsturz. Die wirtschaftlichen und sittlichen Prinzipien bleiben nicht nur unangefochten, sondern kommen erst recht zur vollen Geltung, ebenso die freie Konkurrenz. Die Bodenbesitzreform verlangt nur ein einziges Staatsmonopol, dasjenige auf Grund und Boden, und das kann sich das schweizerische Volk erkämpfen mit dem Stimmzettel in der Hand; durch ein neues Gesetz, das den bei uns durch das römische Recht eingeschmuggelten Privatgrundbesitz aufhebt und anschließend an das alte germanische Recht, die Mutter Erde wieder der Volksgemeinschaft zurückgibt."

Der vornehmlich aufs praktische gerichtete Sinn und die Abneigung gegen jede dem Prinzip der historischen Kontinuität nicht entsprechende Reform kommt am klarsten im Punkte 2 zum Ausdruck, der lautet: „Die Kommunalisierung, resp. Verstaatlichung von Grund und Boden kann wie alle friedlichen sozialen Reformen nur schrittweise und im Anschluß an die bestehenden Verhältnisse und Rechtsbegriffe erreicht werden. Die sukzessiven Schritte der ganzen Reform sind daher eine einheitliche Reform der Hypothekargesetze, Verstaatlichung der Grundbeleihungsinstitute, staatliche Einschätzung der Grundrente zu Stadt und Land, als Basis für den Rentenzuwachs und dessen Besteuerung usw.

Wies schon in der Periode der Blüte das Programm der schweizerischen Bodenreformer ein viel weitgehenderes Verständnis für die Macht der bestehenden Rechtsverhältnisse auf, so haben dieselben, ähnlich wie in Frankreich, mit eherner Macht darauf hingewirkt, daß das ganze radikal angelegte Programm nunmehr fast auf einen Punkt zusammengeschmolzen ist: die eidgenössische Expropriation der Wasserkräfte. Im Dezember 1904 hat die Versammlung der demokratischen

Partei des Kantons Zürich beschlossen, den Bundesrat und die Bundesversammlung in Bern dringend zu ersuchen, dafür zu sorgen, daß an Stelle der ungeregelten Ausnützung der Wasserkräfte eine gesetzliche Regelung zur Ermöglichung einer der Allgemeinheit dienenden Verwendung träte. (Siehe darüber die aktenmäßige Darstellung von Dr. Oskar Schär „Die Verstaatlichung der schweizerischen Wasserkräfte" Basel 1905.) Diese Verwendung sollte durch Erlaß einer Verfassungsänderung erfolgen, wonach die Gesetzgebung in dieser Frage von den Kantonen an den Bund überzugehen hätte. Jetzt steht nämlich den Kantonen das Wasserregal zu, aber da in diesen Sonderinteressen großen Einfluß auf die gesetzgebenden Körperschaften haben, so ist an eine großzügige Wasserrechtspolitik nicht zu denken. Falls die Übertragung der diesbezüglichen Gesetzgebung an den Bund nicht zu erreichen wäre, sollte eine Volksinitiative zur Revision der Bundesverfassung ins Werk gesetzt werden. — Trotzdem mußte die Versammlung von 1905 „mit Bedauern feststellen, daß trotz dringlicher Mahnungen an die Bundesbehörden, diejenigen Vorkehrungen nicht erfolgt sind, die geeignet schienen, den anarchischen und die nationalen Interessen schädigenden Zuständen in der Verwertung der Wasserkräfte ein Ende zu machen. (Siehe Resolution von Dr. Wettstein.) (Es wäre vielleicht noch das Postulat der Verstaatlichung der Grundbeleihungsinstitute zu erwähnen.) Im Dienste dieser Forderungen steht jetzt unter der Leitung der beiden Schär, Vater und Sohn, eine kleine Gruppe von Bodenreformern, die in der letzten Zeit einen kleinen Sieg aufzuweisen haben: der Bundesrat legte der Bundesversammlung den Entwurf eines „Bundesbeschlusses über die Verwertung inländischer Wasserkräfte ins Ausland" vor, in dem besagt wird, daß die Ableitung von elektrischer Energie ins Ausland der bundesrätlichen Bewilligung bedarf, und der Bundesrat wird diese Bewilligung erteilen, insofern und insoweit die Wasserkraft nicht im Inland Verwendung findet, aber es kann auch vom Bundesrat jede Bewilligung während ihrer Dauer jederzeit gegen Entschädigung widerrufen werden.

c) Deutschland.

In Deutschland tritt uns als erster Bodenreformer in den 50er Jahren des verflossenen Jahrhunderts Hermann Heinrich Gossen, der erste Vertreter der mathematischen Methode in Deutschland, entgegen.[1] Sein ziemlich umfangreiches Werk „Entwicklung der Gesetze des menschlichen Verkehrs und der daraus fließenden Regeln für menschliches Handeln", erschien 1852, war aber lange verschollen, wozu wohl die äußerst schwierige und durch mathematische Belege reichlich gewürzte Darlegungsform viel beigetragen hat. Ganze Abschnitte sind ungenießbar, indem an sich ganz klare Gedanken zwecklos kompliziert und verwirrt werden. Ausländern, wie Walras und Jevons, dem Vorläufer der subjektiven Werttheoretiker, war es vorbehalten, 20 Jahre nach dem Erscheinen auf die Bedeutung der Arbeit Gossens hingewiesen zu haben.[2] 1872 wurde sie neu herausgegeben.

Gossen erscheint uns in seinem Werke, worin er es unternimmt „für die Erklärung des Zusammenseins der Menschen auf der Erdoberfläche zu leisten, was ein Kopernikus zur Erklärung des Zusammenseins der Welten im Raume zu leisten vermag", als ein ausgeprägter Repräsentant des ökonomischen Liberalismus. Seine Grundanschauung ist eine ausgeprägt individualistische und finden wir bei ihm schon fast alle Thesen des extremen Manchestertums aufs eifrigste verteidigt. Er geht von dem naturgemäßen Streben des einzelnen nach größtmöglichem Lebensgenuß aus; dieses Streben vollziehe sich nach unwandelbaren wirtschaftlichen Naturgesetzen, die er als Gebote des Schöpfers auffaßt. (Es tritt überhaupt bei Gossen, wie auch übrigens bei H. George, das religiöse Moment besonders stark hervor.)

Gleich dem orthodoxesten Freihändler verkündet er die immanente Harmonie der Interessen der einzelnen und der Gesamtheit, kritisiert er aufs schärfste den Sozialismus und

---

[1] A. Damaschke weist in seiner Schrift „Zur Geschichte der deutschen Bodenreform-Bewegung" auf Friedrich Held als auf den Schöpfer der ersten Bodenreform-Organisation.

[2] Es ist bezeichnend, daß es besonders Engländer waren, die auf das Buch von Gossen aufmerksam machten.

Kommunismus, der „auf dem möglichst verkehrten Wege die wirtschaftliche Gerechtigkeit verwirklichen will, während dieselbe durch die freie Wirksamkeit der Gesetze des Genießens in unverbesserlicher Vollkommenheit erreicht" werden könne, verurteilt er die Staatsintervention in das freie Spiel der wirtschaftlichen Kräfte — keine Monopolien, keine Sinekurien, volle, durch keine Maßregeln beschränkte, Dispositionsfähigkeit über das Eigentum. „Dem jeweiligen Eigentümer muß die vollste Freiheit gewährt werden, mit seinem Eigentum sowohl bei Lebzeiten, wie auch am Todesfall zu schalten und zu walten, wie es ihm gefällt, und aus der gleichen Rücksicht kann ihm nur die Befugnis entzogen werden, dem ihm folgenden Eigentümer irgend eine Beschränkung für seine private Benützung aufzulegen."

Dem segensreichen Einfluß der Gesetze des freien Verkehrs stelle sich allerdings, abgesehen von einigen nebensächlichen Momenten, als da sind: das Nichtvorhandensein einer zweckentsprechenden Bildung, Regelung des Geldwesens, Errichtung von Darlehenskassen, eine Institution als einziges Hindernis in den Weg, der Umstand, „daß der Mensch sich nicht nach Gutdünken die günstigste Stelle auf der ganzen Erdoberfläche zum Betreiben seiner Produktion aussuchen kann". Hier haben die menschlichen Institutionen anstatt die Beseitigung dieses Hindernisses zu erleichtern, dasselbe in unzähligen Fällen zu einem unüberwindlichen gemacht durch Einführung des Privateigentums am Grund und Boden, weil durch dieses Institut dem Eigensinn eines einzelnen Menschen oft ganz und gar anheim gegeben ist, ob er einen ihm zugehörigen Fleck des Erdbodens zu dem zweckmäßigsten Produktionszweige hergeben und einrichten will oder nicht. (Man sieht, Gossen ist es hier um rein utilitaristische Prinzipien zu tun.) „Da zu jeder Produktion ein bestimmtes Maß bestimmter Naturkräfte erforderlich ist, da aber in unseren Zuständen alle Naturkräfte, welche zur Produktion geeignet erscheinen, in Beschlag genommen sind, so wird damit ein Hindernis in den Weg gestellt, die Verdienstlosigkeit einzelner Arbeiter durch den Übergang zu anderen Produktionszweigen zu beseitigen."

Diesem Übelstande könnte dann in radikaler Weise abgeholfen werden, wenn aller Grund und Boden der Gesamtheit angehören und von ihr jeder Fleck demjenigen zur Produktion überlassen würde, der die höchste Rente davon zu zahlen sich geneigt findet. Die Bewirtschaftung soll nicht durch die Gesamtheit (bewahre!), sondern durch den einzelnen erfolgen — der Grund und Boden soll unter möglichster Öffentlichkeit an den Meistbietenden verpachtet werden, wobei zwei maßgebende Gesichtspunkte im Auge behalten werden müssen: 1. Dem Pächter müsse möglichst für seine Lebenszeit die Dauer des Besitzes gesichert werden; 2. die Schwankungen der Rente (seinen Voraussetzungen nach ausschließlich im Sinne des unausgesetzten Steigens) müssen während der Pachtdauer zum Ausdruck kommen.

Die Unantastbarkeit des Privateigentums gilt Gossen im übrigen als Grundprinzip, und er zollt demselben als einem unentbehrlichen, unumgänglichen Faktor des Fortschrittes seine vollste Anerkennung. Ja, es erscheint ihm als die Grundbedingung des Wohlstandes und der Kultur der Menschheit. Um nun dieses Prinzip zu wahren und die Bodenverstaatlichung mit demselben nicht in Kollision zu bringen, lehnt er sowohl Konfiskation als auch Expropriation ab. Der Staat müsse Eigentümer von Grund und Boden durch Kauf bei freiwilliger Veräußerung werden, da der Staat doch bei der Kaufmöglichkeit günstiger als seine individuellen Konkurrenten gestellt sei. Durch den Einfluß dieser günstigen Konjunktur werde der Staat das Grundeigentum von Privaten für seine Verhältnisse so wohlfeil kaufen können, daß er später im Steigen der Grundrente einen Fonds gewinnt, um die Ankaufssumme zu tilgen. Auch die Beschaffung der der Gesamtheit unentbehrlichen Geldmittel würde ohne Vexation und Ungerechtigkeit, wie solche mit jedem Steuersystem unzertrennlich verbunden sind, durch das Beziehen der Grundrente bewirkt werden. Nach langen mathematischen Berechnungen, wo er die Frage der Bodenverstaatlichung eingehend bezüglich ihrer Wirkung auf alle wirtschaftlichen Verhältnisse untersucht, kommt Gossen zum üblichen Schluß, daß die von ihm vorgeschlagene Maßregel ohne weiteres ein Paradies auf Erden schaffen könne.

Es wird oft als gleichzeitiger Bodenreformer Karl Arnd auf Grund seines Werkes „Die naturgemäße Steuer" genannt — wie ich glaube, mit Unrecht, denn er gehört vielmehr in die Gruppe der physiokratischen Nachzügler. Hat er doch in seiner Begeisterung für die Doktrin Quesnays behaupten zu sollen geglaubt, das Smithsche System sei das Produkt des physiokratischen.

In gar keinem oder in ganz lockerem Zusammenhang mit Gossen steht Aug. Th. Stamm, bei dem uns in seinem grundlegenden Werke „Die Erlösung der darbenden Menschheit" von 1871 eine ganz andere, diametral entgegengesetzte Gesamtauffassung der sozialen Erscheinungen entgegentritt. Nicht Beseitigung des Privateigentums am Grund und Boden, um der individuellen Erwerbstätigkeit einen größeren Spielraum zur Verfügung zu stellen, sondern um den Tendenzen und Konsequenzen der ungehinderten individualistischen Wirtschaftsform einen Damm entgegenzustellen. Stamm schrieb auch sein Werk zu einer Zeit, wo die Schäden des Kapitalismus, ungehindert durch angemessene sozialpolitische Aktion, in grellstem Lichte in Erscheinung traten. Die von ihm ausgeübte Kritik der kapitalistischen Produktionsweise kann wohl an rücksichtsloser Schärfe kaum übertroffen werden. „Man hat die Menschheitsmassen alles Eigentums beraubt, man hat sie zu Sklaven des Kapitals gemacht. Wir befinden uns jetzt (d. h. nach der Abschaffung der Sklaverei) in der Periode der sogenannten freien Arbeit. Dies ist bei Licht betrachtet die Periode der absoluten Abhängigkeit aller Arbeit vom Kapital und den Kapitalisten, die Periode der Kapitalstyrannei."

Bei der gegenwärtig herrschenden kapitalistischen Exploitation des Grund- und Bodenbesitzes sei der Landarbeiter nicht besser daran als der Fabrikarbeiter. Und wenn er seine Lage auch durch Arbeiterschutz, -Versicherung und dergleichen sozialpolitische Maßregeln verbessern werde, so sei das nicht von Dauer und nicht geeignet, die Arbeiter vom drückenden Joch der Kapitalstyrannei zu befreien.

Und wenn Stamm einerseits die Rolle des Kapitals in der ökonomischen und sozialen Struktur der Gesellschaft klar auffaßt und unverhüllt vor Augen führt, akzeptiert er auch andrerseits vollständig die Argumente des wissenschaftlichen Sozialismus in der Erklärung des Kapitals in seinen späteren Stadien. „Der Hauptgewinn des Fabrikherrn besteht darin, daß die Arbeiter mehr Arbeit verrichten, als ihnen bezahlt wird, daß mehr Wert aus dem Arbeiter herausgezogen wird, als man ihm gibt. Möglichst hohe, nicht bezahlte Überschußarbeit, möglichst hohe Verwertung der Arbeit für möglichst geringen Lohn wird vom Unternehmer erstrebt. . . Kapital entsteht zum großen Teil durch Aussaugung der Arbeiter, nicht durch angehäufte Arbeit des Kapitalanhäufers. Das aus Fabrikunternehmungen fließende Gewinnkapital ist eben oft nichts, als aufgehäufte Ausnutzung von Blut, Knochen, Mark und Gesundheit, es ist die Frucht eines systematisch betriebenen langsamen Kindes- und Menschenmordes." Also unbezahlte Überschußarbeit ist die Basis des Kapitals. „Das angehäufte Kapital erzeugt ohne alle Arbeit neues Kapital, denn schon vermöge der Zinsen heckt Geld neues Geld. Geld heißt aber Kommando über Arbeit."

Kapital und Kapitalwert beruhen zum großen Teil bei den heutigen Besitzverhältnissen auf absolut ungerechter Basis. Da es sich als unumstößliche Wahrheit für jeden Denkenden herausstelle, daß die Arbeit der ganzen Vergangenheit hauptsächlich auf verbrecherischer und ungerechter Ausbeutung des Nächsten basiert gewesen sei, so sei folgerichtig das mit Hilfe dieser Arbeit zusammengebrachte Eigentum hauptsächlich durch verbrecherische und ungerechte Ausbeutung des Nächsten entstanden. Die arbeitenden Menschenmassen müssen sich von der usurpatorischen Ausbeutung ihrer Arbeitskraft durch das Kapital befreien — sie müssen das richtige Gleichgewicht zwischen Kapital und Arbeit herstellen.

Man könnte nach all diesen Prämissen, die von einem mehr oder weniger tiefen Einblick in die Natur und Funktionen des Kapitals im Produktionsprozeß Zeugnis ablegen, lediglich das Postulat der Sozialisierung des Kapitals erwarten, sollte man den Geboten der Logik und Konsequenz treu bleiben. Allein Stamm wiederfährt hier das Gleiche, was schon mit manchem Bodenreformer vor und nach ihm geschah: der Radikalismus der Prämissen steht in keinem Verhältnis zu dem der Forderungen. Da das Kapital, führt Stamm des ferneren aus, durch die ihm innewohnende immanente Kraft unheilvolle soziale Erscheinungen zeitigt, so muß das ganze Volk, vereint als ganzes Volk, der allergrößte Kapitalist werden, um der Macht des mobilen Kapitals Widerstand leisten zu können. Und dies kann nur durch die Aneignung des Grund und Bodens durch die Gemeinschaft geschehen. Durch den Landbesitz werde das Volk selber zum größten aller Kapitalisten und so sei das Gegengewicht gegen die Überwucherung und Erdrückung durch die einzelnen Kapitalmächte gewonnen. Die Gründe, die ihn veranlassen, nach allem gegen das mobile Kapital Ausgeführten, doch das Grundeigentum als Angriffs- und Ausgangspunkt zur radikalen Ausmerzung der sozialen Übelstände zu bezeichnen, tragen durchaus nicht den Stempel der Originalität und sind nicht geeignet, den klaffenden Widerspruch zu überbrücken.

Das Volk wird nicht nur durch die nicht bezahlte Überschußarbeit, führt Stamm weiter aus, sondern auch durch den gesteigerten Bodenwert, als zweiter Art des arbeitslosen Einkommens, beeinträchtigt. Dem Grundbesitzer kommt nicht nur die unbezahlte Überschußarbeit zugute, sondern er eignet sich auch den durch die gesellschaftlichen Zusammenhänge geschaffenen Wert an. Wenn ursprünglich die Inanspruchnahme des Grund und Bodens als Privateigentum ein die materielle und geistige Entwicklung fördernder Fortschritt war, so ist es jetzt zur Hauptstütze der Kapitalstyrannei, zum Hauptgrund der Besitzlosigkeit der vom Kapital übervorteilten darbenden Millionen ausgeartet, es ist eine Verhöhnung der Vernunft und des natürlichen Rechts. Deshalb ist es unrecht, einzig und allein das jetzige Fabrikations- und Industriesystem anzuklagen, während man vor allem die jetzigen ungerechten Besitzverhältnisse am Grund und Boden anklagen müßte. Der Grund und Boden raubt der Arbeit mehr Werte, als alle Landwirte, Fabrikanten und Industrieunternehmer durch nicht bezahlte Überschußarbeit. Der Bodenbesitz des einzelnen war und ist die Ursache unendlichen Volksunglücks, so der Sklaverei, der Leibeigenschaft, die ohne die konkrete Grundlage des Privateigentums am Grund und Boden nutzlos wären, der Ausbeutung durch das Kapital. Vermöge dieses Übels wird noch jetzt an den Arbeitern ein beständiger Diebstahl verübt, indem alle durch Fortschritt erzeugten Mehrwerte der Grundrente zufallen. (Stamm erörtert eingehend, wenn auch nicht tief wissenschaftlich, die Theorie, nach der alle im Laufe des Fortschrittes geschaffenen Güter vom Bodenwert aufgesogen werden.) Weder Einzelverbesserungen im Wege des ökonomischen Kampfes, noch Produktivassoziationen können bei den bestehenden Rechtsverhältnissen für Grund und Boden dem Arbeiter frommen — sie kämen nur der Grundrente zugute.

Das Privateigentum als solches ist durch die von ihm herbeigeführte Stärkung der Individualität und Vermehrung der Produktivität ein Segen, aber nur das durch Arbeit errungene Privateigentum — zwischen diesem und dem Eigentum am Grund und Boden muß eine scharfe Grenze gezogen werden. Unter Entschädigung der bisherigen Grundbesitzer durch ein gerechtes Expropriationsrecht, wobei die Abschätzung nach den gegenwärtigen Erträgen und nicht nach den Schwindelwerten der Zukunft vorgenommen werden soll, muß der Bodenbesitz ans Volk zurückfallen, denn der dauernde Besitzer des allen gemeinsam Gegebenen kann eben nur das Volk sein.

Die Durchführungsweise macht sich Stamm leicht — er ist noch vom Glauben an die Allmacht des Stimmzettels beseelt — der Boden fällt dem Volke einfach durch gesetzliche Volksabstimmung zu. „Wir wollen durch die Majorität der Volksabgeordneten den Sieg erlangen.“ [1] Die Grundbesitzverhältnisse seien dann zu Grundpachtverhältnissen umzuge-

[1] In seiner Schrift „Sozialpolitische Bedeutung der Bodenreform“ von 1885 fordert Stamm übrigens die Grundkreditverstaatlichung, aus der sich dann die Grundzinsverstaatlichung ergeben müsse, worin Flürscheim im Werke „Staatsmonopol des Grundpfandrechtes als Weg zur Reform unserer wirtschaftlichen Verhältnisse“ mit ihm vollständig übereinstimmt.

stalten. Als bestes System preist Stamm die Einzelverpachtung unter freier Konkurrenz, welche letztere ihm überhaupt als ein „unantastbares Menschenrecht“ erscheint, an. Als Inhaber des gesamten Grundbesitzes müsse das Volk eine Volksindustrie gründen — es solle sich in mannigfaltigste Unternehmungen einlassen. Die Privatindustrie solle und könne mit ihr konkurrieren. Dadurch erfolge die Hebung der industriellen Arbeiter, die auf die Lage der ländlichen Arbeiter zurückwirken werde. Außerdem sei es den Landarbeitern freigestellt, eine Parzelle Land zu pachten. (Und das dazu nötige Kapital?) Sie könnten sich auch evtl. zu Landassoziationen verbinden. „In erster Linie bedürft Ihr des Bodenbesitzes“, sagt Stamm, „dann wird das Volk der erste Kapitalist, und es liegt dann in Eurer Macht, die Quote der nicht bezahlten Überschußarbeit durch Begünstigung von Ackerbau- und Industrieproduktivgenossenschaften in Eure Hand zu bringen.“ In dem von ihm aufgestellten sozialistischen Wahlprogramm heißt es unter anderem: „Für den inneren Völkerfrieden bedürfen wir der Verwirklichung gerechter Besitzverhältnisse, der Einsetzung des Volkes in seinen rechtmäßigen Landbesitz unter gerechter gesetzmäßiger Entschädigung der gegenwärtigen Einzelbesitzer.“ Die Umwandlung der gegenwärtigen Grundbesitzverhältnisse in Pachtverhältnisse, die Verwendung der Erträgnisse der Pachten zur Verbesserung des Volkswohles sei der einzige Rettungsweg für die beeinträchtigten, jetzt besitzlosen Volksmillionen, es sei dies auch der einzige Rettungsweg zur Lösung der sozialen Frage.

Am 10. April 1874 gründete Stamm den „Verein für Humanismus“, der sich die Verstaatlichung des Grund und Bodens zum Ziele setzte. Dieser Verein wurde 1888, da die inzwischen gegründete Landliga eingegangen war, unter dem Namen des Allwohlbundes wieder ins Leben gerufen. Der bestimmende Satz im Programm dieses „Bundes für wirtschaftlich sittliches Gesamtwohl auf Grundlage der Grundzinsgemeinschaft“ hatte folgenden Wortlaut: „Die Eigentumsoberhoheit über den Erdboden muß an die Gemeinschaft (Gemeinde, Kreis, Provinz, Staat) zurückfallen, so daß der mit der wachsenden Zivilisation sich stets mehrende, nicht auf die Arbeit des Einzelinhabers zurückführende Grundzins nach und nach wieder in den Gemeinschaftsnießbrauch übergeht.“ Nach dem Tode Stamms ging dieser Verein ein (1892). Stamm gebührt allerdings das Verdienst, die bis dahin rein theoretische Idee von der Aufhebung des individuellen Grundbesitzes zum Objekt praktischer Agitation gemacht zu haben. Und da seine Tätigkeit in eine Periode fiel, wo alles, das an ein Prinzip der Sozialdemokratie erinnerte, sich intensiven Verfolgungen seitens der Regierung aussetzte, so wurde auch Stamm 1878 aus Berlin ausgewiesen und zwei seiner Schriften 1. „Blicke auf das Volkselend und die Volkssterblichkeit der deutschen Reichshauptstadt“ und 2. „Das sozialistische Wahlprogramm“ wurden verboten.

Von den anderen Schriften Stamms sei hier erwähnt „Krankheitenvernichtung“ von 1862, wo er die Mitschuld der Menschen resp. der durch sie ins Leben gerufenen Institutionen an der Entstehung der Seuchen klarlegt[1] und „des A. Smith und seiner Schüler Hauptirrlehre“, worin er als „einen entsetzlichen Grundirrtum“ von Smith und seiner Schule die dort herrschende Annahme hinstellt, als sei die Arbeit die einzige Quelle, der einzige Urfaktor aller Werte, während doch nur die menschliche Arbeit in Verbindung mit der Nutzung der Naturarbeit der Vergangenheit und Gegenwart alle Werte erzeuge. (Er war nebenbei nicht der erste und einzige, der Smith in seiner Auffassung der Arbeit als Produktionsfaktor so verstand, der Irrtum war aber nicht auf der Seite Smiths.)

Eine ähnliche Auffassung der sozialen Phänomene und der Funktionen des gesellschaftlichen Eigentums finden wir auch bei Adolf Samter, bei dem eine Verwandtschaft der

[1] Wie denn überhaupt seine Ideen wesentlich aus seinen Beobachtungen als Arzt geschöpft sind — er hat auf dem Gebiete der Epidemien reiche Erfahrungen in verschiedensten Ländern gemacht und das soziale Moment nicht verkannt. Und ist auch sein Werk „Die Erlösung der darbenden Menschheit“ nur als die Fortentwicklung seiner sozialhygienischen Arbeiten zu betrachten.

Ideen mit denen Stamms nicht zu leugnen ist. Vertreten sind diese in folgenden Werken: 1. „Gesellschaftliches und Privateigentum, als Grundlagen der Sozialpolitik" 1877; 2. „Soziallehre" und 3. „Das Eigentum in seiner sozialen Bedeutung" 1879. Auch hier tritt die nachdrückliche Betonung des sozialen Momentes in den Vordergrund. Und die Art, wie einerseits Gossen, anderseits Samter zum gleichen Resultate gelangen, ist in höchstem Maße charakteristisch, worauf Hugo Preuß [1] auch mit Recht hinweist. Diese diametral verschiedene Art spiegelt getreulich die Veränderung wieder, welche sich in der geistigen Strömung innerhalb der etwa 25 Jahre vollzogen hat, durch die beider Wirksamkeit getrennt ist. Zur Zeit Gossens befand sich die Partei des ökonomischen Liberalismus in kräftig aufstrebender Aktion, und namentlich in Deutschland vielfach erst im Beginne siegverheißender Kämpfe gegen die Fesseln des landesfürstlichen Wohlstandspolizeistaates. In der Periode, in welche das Auftreten Samters fällt, waren die lästigsten und drückendsten Fesseln glücklich gesprengt, aber auch manche unheilvolle und unerwünschte Konsequenzen der ungehinderten individualistischen Wirtschaftsform traten als klaffende soziale Übelstände zu Tage und bewirkten das tatkräftige Aufleben der wirtschaftspolitischen Reaktion mit der Losung „Zurück zur Gebundenheit!"

Der privatwirtschaftliche Standpunkt Gossens wird von Samter zielbewußt verlassen. Er beabsichtigt die Einschränkung der wirtschaftlichen Freiheit, die Mäßigung des Individualismus durch soziale Momente. Nicht das Produktions- sondern das Distributionsproblem gilt ihm als das Primäre, nicht rein ökonomische, sondern sozialpolitische Ziele, die Gossen seiner ganzen Auffassung nach fern lagen, werden von ihm in den Vordergrund gerückt. Es tritt diese weitgehende Differenz der Gesamtauffassung der sozialen Erscheinungen sehr deutlich in dem Verhalten beider Theoretiker zum Sozialismus. Samter, ein Schüler Wagners, tritt ihm ziemlich nahe und seine An-

---

[1] „Die Bodenbesitzreform als soziales Heilmittel", Volkswirtschaftliche Zeitfragen von 1892.

sichten über das Kapital, als einer durchaus historischen Kategorie, über seine Tendenzen und Funktionen, über die Konzentrierung des Produktiveigentums, als einer Produktionsnotwendigkeit, über die sozialen Mißstände, als Produkt der Konzentrierung und Zentralisierung — zeigen deutliche Spuren des Einflusses „jener modernsten Strömung, die den Sozialismus durch Herausschälung und Aneignung seines berechtigten Kerns unschädlich machen möchte.“ (Preuß)

Samter ist sich bewußt, durch die Idee der Bodenverstaatlichung nichts Neues postuliert zu haben; was er aber für sich beansprucht ist das, daß er wie für die Aufhebung des privaten Grundeigentums ebenso energisch für Aufrechterhaltung des sonstigen Privateigentums eintritt. Das prinzipielle Hauptgewicht legt er darauf, daß in der Gesellschaft sowohl Privateigentum, als auch gesellschaftliches Eigentum gleichberechtigt und gleich mächtig existiere. Und da er den Grund und Boden wegen seiner spezifischen Qualitäten für das geeigneteste Objekt des gesellschaftlichen Eigentums hält, so ist es für ihn nur in zweiter Linie wichtig, daß das gesellschaftliche Eigentum gerade das Grundeigentum ist.[1]

Die Gründe, die ihn dazu berechtigen, den Grund und Boden als das geeigneteste Objekt des Gemeineigentums anzusehen, legt Samter eingehend und ziemlich erschöpfend dar. Es sind dies die Argumente, die immer ins Feld geführt werden: die Domination des Naturfaktors im Grund und Boden, seine relative Unvermehrbarkeit, was seine intensivere Konzentration provoziert, seine Tendenz mit den Fortschritten der Gesellschaft ständig im Werte zu steigen und zwar einzig und allein durch die gesellschaftlichen Zusammenhänge — der Fortschritt der Gesellschaft erzeugt entgegengesetzte Wirkungen beim Boden und bei der mechanischen Produktion — beim ersteren steigt, bei der anderen fällt der Wert. Für die prinzipielle Berechtigung einer anderen Eigentumsordnung

[1] Samter nähert sich in dieser Auffassung den von Lange in seiner „Arbeiterfrage“ vertretenen Anschauungen.

beim Grund und Boden, als beim mobilen Kapital beruft sich Samter wiederholt auf J. S. Mill[1].

Seine ganze Theorie kulminiert in der Tendenz, germanische Rechtsprinzipien den römischen gegenüber, bezw. zur Seite zu stellen. Das Privateigentum als solches sei ein unentbehrliches Institut, und zwar nicht vom ökonomischen, sondern auch vom psychologischen Standpunkte aus gesehen. Er verwirft den utilitaristischen Standpunkt in der Beurteilung der Entstehung des Eigentums — das letztere müsse wesentlich erweitert ins Auge gefaßt werden: „Das Eigentum ist eine aus der Wesenheit des Menschen entspringende Institution, welche unabhängig von den Resultaten, die in hohem Grade durch sein äußerliches Leben bestimmt werden, die unerschütterliche Grundlage des Menschengeschlechts bildet. Die innere Notwendigkeit des Eigentums steht außer Frage, und vom Privateigentum als menschlicher Institution abstrahieren, heißt vom Leben der Menschen absehen. Das Eigentum ist ein unzertrennliches Attribut der Persönlichkeit des Menschen, welche sich den willenlosen Sachen gegenüber bestätigen will und muß, wenn der Mensch die ihm von der Natur zugewiesene Stellung behaupten und weiter entwickeln soll." Der Besitz ist ein unentbehrlicher Faktor der Produktion, und als Produktionsmittel entwickelt er eine weitgehende Macht, die um so größer wird, je bedeutungsvoller sich die Produktion gestaltet. Und die Tendenz der fortschreitenden Kultur geht dahin, die menschliche Arbeit mehr und mehr durch tierische und mechanische Motore zu ersetzen und somit die Machtstellung der Arbeit in der Gesellschaft bedeutend zu schwächen. Diese hat nur ihren Herrn gewechselt, und „es heißt, seine Augen vor offenkundigen Tatsachen verschließen, wenn man die drückende Herrschaft des Kapitals in der Gegenwart leugnen will." Allein die sozialen Schäden, die als direkte Folge des Kapitals und Kapitalherrschaft erscheinen, schreibt

[1] In neuerer Zeit trat für die prinzipielle Unterscheidung zwischen Grund und Boden und gewerblichem Kapital u. a. Lorenz von Stein ein in seinen „Drei Fragen des Grundbesitzes und seiner Zukunft". 1881.

Samter nicht nur dem Privateigentum als solchen, sondern dem zu weit gehenden und um sich greifenden Individualitätsprinzip zu. „Mit dem nackten Individualitätsprinzip kann man nicht auskommen, sondern Gesellschafts- und Individualitätsprinzip müssen gleichberechtigt sein. Und der Kampf der Gegenwart und der Zukunft ist gegen die rücksichtslose Geltendmachung der Individualität, sei es auf persönlichem, sei es auf dem Gebiete des Eigentums zu richten." Der Kern des sozialen Übels liegt, nach Samter, in der unbedingten Herrschaft über das Eigentum, in dem übergroßen Spielraum, welcher dem Eigentümer ohne Rücksicht auf seine Mitmenschen, auf die gesellschaftlichen Ansprüche und Erfordernisse, eingeräumt ist.

Also nicht Aufhebung des Privateigentums, nicht die auf dem Prinzip der Egalität basierende Verteilung des Eigentums — die ungleiche Gestaltung der Besitzverhältnisse, beruhend auf natürlichen, individuellen, gesellschaftlichen Verhältnissen, ist unabwendbar, ist eine Naturnotwendigkeit, — („nur der Kirchhof, nicht das Leben zeigt Gleichheit") sondern da das Privateigentum ein Naturrecht, und als gesellschaftliche Institution nur haltbar ist, wenn es allen zugänglich ist, so muß es jedem zugeführt werden. „Denn eine auf Privateigentum beruhende Gesellschaft, in welcher dasselbe Privilegium ist, ist nicht Ausdruck der Menschlichkeit, sondern ein Zerrbild derselben. (Samter stützt sich hierin auf Hegel, Laveleye, auf „die metaphysischen Anfangsgründe der Rechtslehre" von Kant.)

Die Forderung, Privateigentum als Monopol abzuschaffen und es allen zugänglich zu machen, beschränkt sich auf das Nutzeigentum — privates Produktiveigentum für alle ist ausgeschlossen, weil es von den Fähigkeiten und Neigungen der einzelnen nicht losgelöst werden kann. Die Exklusivität des Produktiveigentums dürfe aber auch nicht außer acht gelassen werden — es müsse ihm ein Gegengewicht in der gesellschaftlichen Erwerbstätigkeit geschaffen werden.

Indem Samter den Standpunkt Jherings, den der letztere im Werke „Zweck im Rechte" entwickelt, akzeptiert, stellt er mit allem

Nachdruck die Forderung auf, daß dem Privateigentum ein gesellschaftliches Eigentum zur Seite gestellt werde, welches mächtig und umfassend genug wäre, der unumschränkten Herrschaft des Privateigentums die Spitze zu bieten, ohne diesem für die Menschen unentbehrlichen Institut den Boden zu entziehen. Dadurch würde dem Individualitätsprinzip das Sozialprinzip als gleichberechtigter Machtfaktor entgegentreten.[1] Seiner ganzen Psychologie nach bringt Samter einer radikalen sozialpolitischen Maßregel, wo die Axt an die Wurzel angelegt wird, ein gewisses Übelwollen entgegen. Er bleibt auch in der Forderung der Bodenverstaatlichung nicht konsequent und macht weitgehende Konzessionen: so müsse beim landwirtschaftlichen bzw. ländlichen Gewerbe (Brennerei, Brauerei, Mühle usw.) das Land als Privateigentum behalten werden. Auch dem Privatbesitz müsse auf dem Lande Boden nach dem Prinzip des individuellen Besitzes „aus Annehmlichkeits- und Gesundheitsrücksichten" überlassen werden. Und auch beim städtischen Gebäudeeigentum müsse ein gemischtes System bestehen. Wozu Hugo Preuß in seiner oben erwähnten Schrift sehr treffend bemerkt: „Wenn nur nicht durch alle Konzessionen, die der gesunde Verstand und Wirklichkeitssinn fordert, die ganze Bodenbesitzreform eine fatale Ähnlichkeit bekäme mit dem bekannten Messer ohne Heft, dem die Klinge fehlt." (Samter geht übrigens das Gefühl der Halbheit in seinem System nicht ab und er will auch keine Ansprüche auf die radikale Sanierung der Gesellschaft erheben. „Diese Institution wird nicht alle Schäden der Gesellschaft beseitigen; sie wird sie aber auf eine höhere Entwicklungsstufe heben und ist eine geschichtliche Notwendigkeit.) Samter hat sich,

---

[1] Eine rationelle Auffassung der Dinge trägt Samter auch dadurch zur Schau, daß er die Meinung ausspricht, die Übermittlung des Grund und Bodens an die Gesellschaft sei nur bei den Völkern angebracht, bei denen das demokratische Prinzip alle sozialen Institutionen durchdrungen hat, und bei denen Kollisionen zwischen Volk und Regierung ausgeschlossen sind. Auch ist es teils dem Staate, teils den Gemeinden zu überlassen, wodurch der Zentralisation entgegengearbeitet und der Machtstellung des Staates ein Gegengewicht bereitet werden soll.

wie daraus ersichtlich, vom Utopismus des Allheilmittels bis zu einem gewissen Grade emanzipiert. Und noch mehr zeugt von einer rationellen Auffassung der wirtschaftlichen Erscheinungen die Art, in der der Boden dem Volke zugänglich gemacht werden muß. Da tritt der soziale Charakter seiner Theorie klar zu Tage — der finanzielle Gesichtspunkt wird vollständig ignoriert und in den Vordergrund wird ein anderes dominierendes Moment gerückt — das der Zwecke des gesellschaftlichen Eigentums. Es soll zunächst soweit durch den Staat selbst verwaltet werden, als „dadurch gesellschaftliche Interessen gewährt und gefördert werden", also zur Anlage landwirtschaftlicher Musteranstalten behufs Einwirkung auf den Arbeitslohn und Wohnungsverhältnisse. Sodann müsse der übrige Teil der Gemeinländereien verpachtet werden, aber nicht im Wege öffentlicher Versteigerung an den Meistbietenden, wie dies Gossen in logischer Konsequenz seiner Prinzipien und Flürscheim im Widerspruch mit seiner Gesamtauffassung postulieren, sondern im Wege einer freihändigen Zuerteilung der zu verpachtenden Ländereien seitens des Staates und der Gemeinde. Nicht möglichst hoch, sondern möglichst niedrig soll der Pachtzins sein — er soll lediglich die dem Staate und der Gemeinde erwachsenden Kosten, worunter Samter die Verzinsung und Amortisierung des zur Verstaatlichung aufgenommenen Kapitals und einen Teil der sonstigen Staatslasten versteht, decken. Mit der fortschreitenden Amortisierung müsse sich auch der Pachtzins verringern. „Die Institution des gesellschaftlichen Eigentums wird nicht nur jeden Halt verlieren, sie würde geradezu ohne Sinn sein, wenn bei den Verpachtungen sich der finanzielle Gesichtspunkt in den Vordergrund drängte. . . Einen möglichst hohen Pacht erzielen und die Lage der Arbeiter heben wollen, sind unfehlbare Widersprüche."

Es versteht sich nach all dem Gesagten von selbst, daß Samter keine allzu schroffe und rücksichtslose Expropriation der Grundbesitzer als zweckmäßig und vom rechtlichen Standpunkte aus als zulässig proklamieren wird: sie sollen durch eine Anleihe, die jährlich mit einer bestimmten Quote zu amortisieren ist, voll und gerecht entschädigt werden. Auch darin offenbart sich die weitgehende Differenz zwischen Gossen, als dem typischen Repräsentanten des ökonomischen Liberalismus und Samter, als dem typischen Repräsentanten derjenigen Richtung, die dieser die unverkennbare Tendenz zur Verschärfung der sozialen Gegensätze zur Schau tragenden Wirtschaftsreform Hemmnisse in den Weg zu legen sucht. Nicht völlig privatwirtschaftlicher, freihändiger Ankauf nach dem Prinzip von Angebot und Nachfrage, sondern Taxation seitens des Staates.

Durch Realisierung seines Systems erwartet Samter die wenn auch nicht unbedingte Durchführung des von den Sozialisten aufgestellten Postulats, daß das Arbeitsprodukt den Arbeitern zufalle. Durch die unmittelbare Hebung der Lage der ländlichen Arbeiter, deren Löhne um einen beträchtlichen Teil des großen, jetzt den Grundbesitzern zufallenden Betrages erhöht werden, wird durch das Gesetz der freien Konkurrenz die Lage auch der Fabrikarbeiter beträchtlich gebessert, wobei aber die letzteren gezwungen sein werden, den Unternehmern ihren Unternehmergewinn als Gegenleistung für ihre sozialen Funktionen zu überlassen. In höchst eigentümlicher Weise, wobei der Pferdefuß des Utopismus doch zutage tritt, tröstet Samter die Fabrikarbeiter mit der Möglichkeit, selbst Unternehmer werden zu können, während den ländlichen Arbeitern, deren Lage eine unmittelbare Besserung erfährt, diese Möglichkeit genommen ist.

Das Gesamtresultat der Untersuchungen Samters gipfelt also im Satze, daß weder das Privateigentum, noch das Kollektiveigentum und dementsprechend weder die privatwirtschaftliche noch die gemeinwirtschaftliche Produktionsweise Anspruch auf ausschließliche Geltung erheben können. Es hat vielmehr beides in gleichem Maße Existenzberechtigung. Dieses Resultat ist sowohl von Wagner in seiner Grundlegung von 1876, und zwar mit einer noch weitgehenden Aufrechterhaltung des Privateigentums, als von Schäffle im „Bau und Leben des sozialen Körpers“ 1878 mit intensiverer Betonung der gemeinwirtschaftlichen Produktionsweise ausgesprochen, während

Samter das möglichste Gleichgewicht, wenn auch auf Kosten der Konsequenz, anstrebt.

Aus Gründen der Erleichterung der Übersicht sei hier ein Schriftsteller angeführt, der chronologisch nach Flürscheims ersten Schriften fällt, Franz Stöpel, der die diesbezüglichen Ansichten in der „Sozialen Reform. Beiträge zur friedlichen Umgestaltung der Gesellschaft." 1885. „Der Grundbesitz. Grundzüge einer rationellen Agrarpolitik" und in der „Freien Gesellschaft" vertritt, wobei sich bei ihm der Standpunkt kundgibt, der, vielseitiger begründet, zum Charakteristikum der Bodenreformbewegung seit Februar 1898 geworden ist: das in den Vordergrundrücken der städtischen Grundrente.

Auf der Grundrentendefinition von Ricardo basierend, daß die Grundrente der für die Nutzung der ursprünglichen natürlichen Kräfte des Bodens gezahlte Preis ist, kommt Stöpel zur Überzeugung, daß der Besitztitel auf den Grund und Boden nicht vom Rechte auf das Produkt seiner Arbeit hergeleitet werden könne. Nur an den Früchten seines Fleißes hat der Mensch ein natürliches Recht; das Grundeigentum finde aber in seiner Eigentumstheorie keine Stütze. Und die Rente, ein Einkommen, welches nur durch gesellschaftliche Einwirkungen und ohne jede Leistung des Grundbesitzers entsteht, — denn erst mit der Entwicklung des Verkehrs gewinnt der Boden die Fähigkeit, die Nichtgrundbesitzer zu einer Tributleistung in Gestalt der Rente zu zwingen, — gebührt allein der Gesellschaft, ist die Steuer, auf welche nur die Gesellschaft als Kollektivwesen einen gerechten Anspruch zu erheben hat. „Das positive Recht kann auf die Dauer nicht mehr gewähren als was der Natur der Dinge und dem Rechte der Vernunft entspricht. Und wenn ein Eigentum am Grund und Boden im strengen Sinne des Wortes keine Stütze in der natürlichen Gerechtigkeit findet, dann wird früher oder später das vermeintliche Eigentumsrecht einer Wandlung unterliegen müssen, die dasselbe auf sein vernünftiges und gleichsam naturgesetzliches Maß zurückführt. Das Eigentumsrecht wird zu einem Besitzrecht umzugestalten und dieses Besitzrecht den Bedingungen des gemeinen Wohles, als des obersten Gesetzes der Gesellschaft, unterzuordnen sein.“ „Unanfechtbare Gründe sowohl der Gerechtigkeit als auch der Zweckmäßigkeit fordern die Beseitigung der Rente, die Einziehung derselben zum öffentlichen Vorteil. Nur dadurch können die Konkurrenzbedingungen zwischen allen wirtschaftlichen Persönlichkeiten objektiv gleichgemacht werden, so daß nur die ewig unausrottbaren und zum Fortschritt der Gesellschaft notwendigen subjektiven Ungleichheiten zurückblieben.“

Als unerläßliche Vorbedingung der staatlichen Einziehung der Rente sieht Stöpel die Ablösung der jetzt auf dem Grundbesitz ruhenden Hypothekenschulden und die demnächstige Abschaffung des Hypothekenkredits an. Diese Schuldverpflichtung wirke, seiner Meinung nach, hemmend auf die Produktion, indem sie den Anteil des Arbeiters am Produktionsertrag verringert, da der letztere nunmehr unter drei Kategorien von Beteiligten: Grundbesitzer, Arbeiter, Gläubiger verteilt werden müsse. Und auf die Verteilung der Güter übe der städtische Hypothekenkredit einen womöglich noch unheilvolleren Einfluß aus als die ländlichen Hypotheken ohne den Hypothekarkredit wäre die Bodenspekulation undenkbar. Mit der Abschaffung des Hypothekenkredits würde der Grund und Boden im Preise sinken, weil damit die Erleichterung der Verschuldung dahinfällt, die Produktionskosten reduziert und die Konkurrenzfähigkeit mit den überseeischen Ländern erhöht werden.[1]

Um den Monopolgewinn der Rente aus dem Einkommen der Grundbesitzer vollständig auszuscheiden, sei nach der Aufhebung des Hypothekarkredits eine angemessene und den Bewegungen der Grundrente sich anschmiegende Besteuerung derselben unerläßlich, wobei die Grundbesitzer nicht etwa direkt expropriiert, vielmehr ihre Rechte berücksichtigt werden

---

[1] Bis zu einem gewissen Grade hat Prof. Platter Recht, wenn er in seinem Artikel „Die deutsche Landliga“ meint, die Maske der Bodenbesitzreformer sei zwar radikal, was sie aber in Wirklichkeit erstreben, laufe ganz auf dasselbe hinaus, was auch Fürst Bismarck und die Konservativen wollen: staatliche Hilfe für den notleidenden Grundbesitz.

sollen: die Rente ist durch eine allmählich steigende Besteuerung hinwegzunehmen. Dadurch würde die Arbeit von dem auf sie lastenden Drucke befreit werden. Da niemand mehr Land um der zu erhoffenden Rente wegen ankaufen würde, da ferner durch die Abschaffung des Pfandkredites die Tendenz zur Teilung des Bodens sich in intensiver Weise geltend machen müßte, so würde das Angebot ländlicher Grundstücke ein sehr reichliches werden, und die Arbeiterschaft hätte hinreichende Gelegenheit zur selbständigen Betätigung. „Die sozialen Gegensätze werden auf ihre Ausgleichung hinarbeiten, und die Verteilung der Güter wird sich jener idealen Forderung nähern müssen, wonach dem Arbeiter der volle Ertrag seiner Arbeit gebührt." Das schließliche Ergebnis der Aneignung der Rente durch den Staat könnte nur dies sein, daß dem Staate, als dem wahren Eigentümer des Bodens, die Rolle des Verpächters zufällt, während die Besitzer eine den Erbpächtern ähnliche Stellung einnehmen würden. Es solle allerdings die Erbpacht, als System, nicht Platz greifen, sondern ein rationelles System der Zeitpacht. Es würde durch die von ihm empfohlene Reform ein Zustand erreicht werden, in welchem der Grundbesitz ausschließlich in den Händen derer sich befände, die ihn zur Produktion benützen und wobei die Größe jeder einzelnen Besitzfläche lediglich von der Arbeitskraft, dem Kapital, der wirtschaftlichen Energie und Einsicht der Besitzer abhängen würde.

Von all den bisher angeführten Verfechtern der Idee der Boden- resp. der Rentenverstaatlichung kann nun Stöpel am wenigsten Anspruch auf klare, konsequente Darstellung erheben — er ist kein scharfer, das Problem allseitig fassender Denker und versinkt oft im Stoff, anstatt ihn von einem festen Standpunkte aus zu beherrschen.

Alle diese Vorschläge der teilweisen und vollständigen Konfiskation der Grundrente schlugen fehl und blieben nur auf einen engen Kreis beschränkt, bis Michael Flürscheim, vom Werke und der großartig angelegten Agitation Georges angeregt, mit seinem Werke „Auf friedlichem Wege" 1884, das sich im wesentlichen an George anlehnt, aber auch schon die Keime der späteren prinzipiellen Differenzen enthält, in die Arena trat. Unter ganz verschiedenen Bedingungen des ökonomischen und sozialen Lebens wirkend und lebend, hat sich Flürscheim mehr und mehr von George entfernt, so daß schließlich, wie er sagt „nur das gleiche Ziel und einige der Begründungen dieselben geblieben sind, wie bei George". Am prägnantesten treten diese Differenzen sowohl theoretischer als auch praktischer Natur im Werke Flürscheims „Der einzige Rettungsweg" hervor. Dieses Buch stellt eine Weiterbildung und Präzisierung der Grundsätze dar, die in der Broschüre, in der ersten Auflage „Die heutige Aufgabe der Freimauerei" und in der zweiten „Die heutige Aufgabe der Demokratie" betitelt, dargelegt sind. Die Hauptunterschiede theoretischer Natur sind: die Auffassung der direkten Ursache der sozialen Not und des damit zusammenhängenden Verhältnisses von Arbeit und Kapital und die Erklärung der Absatzkrisen. Die Unterschiede praktischer Natur liegen in der Durchführungsweise.

Die von George vertretene Theorie hat in gleichem Maße keinen Erfolg zu verzeichnen gehabt, als die von den oben erwähnten Schriftstellern verbreiteten Ideen. Und dies geschah deshalb, weil die soziale Konstruktion hier eine ganz andere war als in England. Das allmächtige ökonomische Interesse der Bourgeoisie bildete ein fast unüberwindliches Hindernis für die Beteiligung der letzteren an der Bodenreform, denn „Bourgeois und Grundbesitzer ist in Deutschland eins und dasselbe". Das Interesse des Kapitals und des Grundbesitzes verflechten sich untereinander aufs innigste und verschmelzen sie immer mehr zu einer einzigen Klasse, je mehr die kapitalistische Produktionsweise sich entwickelt, je mehr die Konzentration des Kapitals zunimmt, denn diese äußert sich nicht bloß im Anwachsen der einzelnen Betriebe, sondern auch in dem Vereinigen der verschiedensten Unternehmungen in einer Hand. So gegensätzlich auch vielfach in der Theorie die Interessen des Grundbesitzes mit denen der verschiedenen Formen des Kapitals kollidieren, die Interessen der Grundbesitzer und Kapitalisten werden immer identischer, weil immer mehr Grundbesitzer Kapitalisten, immer mehr Kapitalisten Grundbesitzer werden. Außerdem ist ja in Deutschland im Gegensatz zu England, ein dominierender Teil des Bürgertums, selbst des kleineren, am städtischen Grundbesitz beteiligt und am Steigen der städtischen Grundrente direkt interessiert. Die von den Ideen des Sozialismus durchdrungene Arbeiterschaft aber, die sich längst mit dem Gedanken der Verstaatlichung aller Produktionsmittel befreundete, verhielt sich naturgemäß ablehnend gegenüber den Ideen der Bodenbesitzreformer. Es galt nun die neue Lehre den neuen ökonomischen und sozialen Verhältnissen anzupassen, und Flürscheim hat sich redlich darum bemüht.

Bekanntlich beruht der Haupteinwand der Sozialisten gegen die Ideen von George auf dem Gedanken, daß wenn die letzteren auch zur Durchführung gelangen würden, sie nur die Grundrente beseitigen, das arbeitslose Einkommen aus dem Kapitalzinse ungestört lassen würde und die Ausbeutung des Menschen durch den Menschen, bezw. der Arbeit durch das Kapital, würde ihren früheren Fortgang nehmen. Flürscheim setzt hier hauptsächlich ein und gibt sich alle Mühe zu beweisen, daß die Bodenverstaatlichung allein in ihren Wirkungen das Gleiche erreiche, als wenn zugleich die übrigen Produktionsmittel verstaatlicht worden wären. Anderseits bemüht sich Flürscheim, durch weitgehende Konzessionen die Bourgeoisie für seine Bestrebungen zu gewinnen.

Er unterschreibt Georges scharfe Kritik der bestehenden Verhältnisse, kommt aber in seinen Untersuchungen über das Problem des Pauperismus und der Krisen zu ganz anderen Schlüssen. Der Urgrund der Weltkrisis sei nicht darin zu suchen, daß einzelne im Überfluß schwelgen, während die Massen darben, sondern darin, daß diejenigen, welche einen Anteil am Produktionsertrag erhalten, damit nicht tauschend und schließlich verbrauchend auf dem Weltmarkt auftreten. Die in den Händen einzelner angehäuften Kapitalien würden kein Hindernis des Güteraustausches bilden, wenn sie zur Beschaffung neuer Produktionsmittel verwendet würden. Die

Erstellung der betreffenden Güter würde den Kreislauf zwischen Gütererzeugung und -Verbrauch im Gange erhalten und dabei noch kulturfördernd wirken — sie würden Arbeit gewähren, und das Resultat würde das Verschwinden der die Löhne drückenden unbeschäftigten Reservearmee sein. Dadurch erführe der Lohn eine Steigerung, begleitet vom entsprechenden Konsum, da infolge der neuen Produktionswerkzeuge die Produkte immer billiger würden. Wenn jedoch auch das Steigen des Volkskonsums sogar nicht im Verhältnis zur Gütererzeugung Platz griffe, würde der Ausgleich durch die auf die Großkapitalisten fallenden Verluste an den unbeschäftigten Produktionswerkzeugen erfolgen. Auf diese Weise werde aber nicht der nicht konsumierte Teil des Einkommens der kapitalistischen Minderheit verwendet — er werde nicht im wirklichen, d. h. aus zur Gütererzeugung Verwendung findenden zurückgelegten Erzeugnissen der Arbeit, sondern im imaginären, aus kapitalisierten Tributrechten bestehenden Kapital angelegt[1].

Die Unentbehrlichkeit des Grund und Bodens in Verbindung mit seiner beschränkten Menge ermöglicht es demjenigen, der ihn in seinen ausschließlichen Besitz genommen, denjenigen, welche seiner bedürfen, ein Tribut für die Erlaubnis zur Benutzung abzuverlangen. Der Marktwert, zu dem dieses Tributrecht verkäuflich ist, d. h. der zu dem dafür üblichen Zinsfuß kapitalisierte Betrag der Grundrente, bildet den Kapitalwert des Bodens. Alle aus Bodenwerten bestehenden Kapitalien, worunter Hypotheken und Pfandbriefe ebenso zählen wie der direkte Grundbesitz, seien also nichts als imaginäres, aus kapitalisierten Tributrechten bestehendes Kapital.

---

[1] Flürscheim könnte bei der Behauptung, daß es das Privateigentum am Grund und Boden ist, welches das Großkapital stützt, sich auf Roscher berufen, der die überall zu machende Beobachtung anführt, daß die im Handel wie in der Industrie gewonnenen Großkapitalien des Mittelalters und der Neuzeit in der Regel nach der dritten Generation aus ihren Familien wieder verschwunden sind, wenn nicht der Besitz an Grund und Boden sie gegen den Wechsel der Zeiten gefestigt.

Ihr Wert nimmt nicht zu infolge hineingesteckter Arbeit, sondern weil die Höhe des erlangbaren Tributs aus gesellschaftlichen Ursachen steigt. Dadurch, daß die Kapitalisten ihre Einkommensüberschüsse nicht in Arbeit beschäftigenden Anlageformen, sondern im falschen Kapital zinsbringend anlegen, entstehe das sich ständig erhöhende Hindernis, welches sich zwischen Produktion und Konsumtion einschiebe, weil die Zunahme der Zinseinkommen nur durch erhöhte Tributleistung seitens der den Zins schuldenden Volksmassen erfolgen könne, denn der Zins sei kein Naturprodukt, sondern eine Besteuerung der Gütererzeuger. Durch letztere werde aber die Kauf- und Konsumfähigkeit der Volksmassen vermindert — und das sei eben die Ursache der Krisen. Wir sehen, Flürscheim übernimmt die zunächst von Simonde de Sismondi aufgestellte und sodann von Rodbertus und Proudhon übernommene Unterkonsumtionstheorie zur Erklärung der Krisen[1].

Flürscheim macht an einem Beispiel seinen Gedanken klar. Auf 10 Milliarden Mark werde gegenwärtig der Betrag des jährlich zurückgelegten und meist im falschen Kapital seine Anlage findenden Einkommens geschätzt. Wenn wir nur die Hälfte als in die Kategorie des falschen Kapitals fallend annehmen, so hieße das mit anderen Worten, daß in einem einzigen Jahre 5 Milliarden Mark Tribut von den Arbeitern — das Wort im weitesten Sinne, auch die Unternehmer einschließend, gebraucht — dieser Welt verlangt werden, daß diese für 5 Milliarden Erzeugnisse ihrer Arbeit im Weltmarkt zu verkaufen bemüht sind, um mit dem Ertrag ihre Schulden zu bezahlen, daß sich aber keine Käufer für diese 5 Milliarden finden, weil sie, die Arbeiter, zwar gern die betreffenden Waren kaufen möchten, da sie derselben dringend bedürfen, aber diesen Kauf oder Tausch nicht ausüben können, weil sie den Ertrag nicht als Kauf- oder Tauschmittel verwenden

[1] Es ist charakteristisch, daß Harmening in seiner Schrift: „Lösung der sozialen Frage durch die Bodenreform“ von der Unterkonsumtionstheorie, als vom „Verdienst der Bemühungen gerade der Bodenbesitzreformer“ spricht.

dürfen, sondern an die großkapitalistischen Gläubiger abliefern müssen, daß diese aber die betreffenden Erzeugnisse ebenfalls nicht kaufen, d. h. keine Waren für ihr Guthaben in Zahlung nehmen, resp. im Weltmarkt damit kaufen, sondern neue Tributrechte erwerben und hierdurch die nächsten Jahre das Defizit zwischen Produktion und Konsumtion um die hinzugekommenen Zinsen der ersparten 5 Milliarden vergrössern und so weiter.

Während der Zins sicher sei, seien die Ergebnisse der Arbeit unsicher und wo die Forderung des gewissen unter allen Verhältnissen zahlbaren den Ungewißheiten des Erwerbslebens auf seiten des Schuldners gegenübersteht, müsse früher oder später das Besitztum des ersteren dem Eigner des letzteren zufallen. Der Zins und Zinseszins bilden eine Macht, gegen welche die Arbeit nicht ankämpfen könne und im Zins und nicht im Unternehmergewinn liege die Grundursache der sozialen Not. — Für jeden Ehrlichdenkenden könne es nur einen Grundsatz geben und der ist, daß der Arbeit der volle Ertrag ihrer Tätigkeit gebühre. Dies könne aber nicht der Fall sein da, wo ein anderer einen Anteil für sich in Anspruch nimmt. Dies geschehe nicht, wenn der berechtigte Unternehmergewinn von dem Produktionsertrag in Abzug kommt; denn Überwachungs- und Organisationsarbeit sei auch Arbeit und die Vergütung für die Unternehmergefahr sei nichts als ein Ausgleich des durchschnittlichen Verlustes, kein Bereicherungs- und also auch kein Benachteilungsmoment.

Anders gestalte sich nun die Sache, wenn dem Kapital ein Recht auf einen Teil des Ertrages zugesprochen werden soll. Wenn das Kapital aus sich selbst heraus Zinswert erzeugen könnte, dann wäre freilich sein Anteil kein Abzug am Arbeitsertrag. Wenn jedoch der Zins in jeder Form es ist, dann könne die Zinsberechtigung des Kapitals nicht im Interesse des Arbeiters liegen. Die Natur des Zinses bringe es mit sich, daß er in immer mehr zunehmendem Maße zum Ausbeutungswerkzeug des Müßiggängers und so zum schlimmsten Feinde der Arbeit werden müsse. Der Zins bilde die Wurzel, aus welcher die kapitalistischen Riesenbäume emporwachsen, deren immer dichter werdender und sich immer mehr ausbreitender Schatten ständig unheilvoller für das Gedeihen der freien Arbeitsernte werden müsse, indem die nicht arbeitgewährend verwandten Zinseinkommen einen immer größeren Teil des Weltarbeitsertrages absorbieren. Woher kommt aber der Zins?

Die Grundursache der Möglichkeit, für ausgeliehenes Kapital Zins zu erhalten, liegt im Privateigentum am Grund und Boden. Ohne das Privatrecht, Land zu besitzen, hätten wir auch nicht das Kapital in seiner heute häufigsten Bedeutung als zinstragenden Wert. Nur dadurch, daß man für Kapital Landbesitz eintauschen konnte, mit dem Rente erzielbar war, wurde natürlich für die Herleihung von Kapital eine der betreffenden Rente mindestens gleiche Vergütung verlangt und erlangt. Alle Zinsverbote mußten machtlos bleiben, so lange der Kapitalist auf dem Wege des Landkaufes sich Zins verschaffen konnte. Die Grundrente ist also die Mutter des Kapitalzinses — mit der privaten Grundrente muß auch der Zins verschwinden und mit ihm die unheilvollen Begleiterscheinungen. George habe einen Fehler begangen, indem er der Grundrente in ihrem direkten Wirken eine solche Bedeutung zumaß, während doch die indirekten Einwirkungen des privaten Bodeneigentums als Schöpfer des Zinses weit wichtiger seien. Er habe ferner nicht eingesehen, daß der Zinsanspruch des Kapitals ein ebenso arbeitsfeindliches Ding sei, wie der Rentenanspruch des persönlichen Grundbesitzes. „Den Zins verteidigen und die Rente angreifen ist das Gleiche, wie wenn das Niederschießen mit Revolvern als Verbrechen gebrandmarkt, das Niederstechen mit Degen oder das Erschießen mit Repetiergewehren dagegen als segensreiche Einrichtung angepriesen würde."

Die Rente solle nicht weggesteuert, sondern weggepachtet werden. Der Staat solle nicht die gesamte landwirtschaftliche Produktion in seine Hand nehmen und den gesamten Ertrag des nationalen Bodens für sich einziehen, er müsse nur das Ergebnis dessen, was Lassalle so treffend mit dem Ausdrucke „gesellschaftliche Zusammenhänge" bezeichnet, für sich in Anspruch nehmen. Der Staat soll eine Abschätzung des gesamten Grund und Bodens nach dem heutigen Wert vornehmen (d. h. nach der kapitalisierten Ertragsfähigkeit) und ihm das ewige Vorkaufsrecht zu diesem Werte zukommen, bis allmählich aller Boden im Besitz des Staates ist. Der Staat soll dann den Boden so verpachten, daß dem einzelnen Pächter nur die Vergütung für seine Arbeit bleibt und die Verfügung über die vom Boden trennbaren Objekte; die eigentliche Grundrente aber soll an den Staat fallen.

Sowohl aus Opportunitäts- als auch aus Gerechtigkeitsgründen fordert Flürscheim energisch eine vollständige Abfindung der Grundbesitzer, weil sie gegen die ursprünglich durch Usurpation erworbenen Besitze ihre ehrlich erworbenen Güter austauschten.[1] Diese Abfindung könne auch auf folgende Weise leicht und ohne Opfer durchgeführt werden. Der Staat kauft auf dem Wege einer großen Kreditoperation den gesamten nationalen Grundbesitz. Die riesige Summe (etwa 100 Milliarden) wird durch eine Art von Papiergeld, sog. Gutscheine, gedeckt. Zur gleichen Zeit emittiert der Staat durch Auslosung rückzahlbarer Pfandbriefe à 3 % oder 2½ % verzinslich garantiert durch die für jenen Betrag gekauften Bodenwerte. Die Besitzer der Gutscheine kaufen, da sie keine andere Anlagemöglichkeit für ihr plötzlich flüssig gewordenes Kapital haben, diese Pfandbriefe — bei dieser Konversion verdient der Staat etwa 1½ % Zinsen pro Jahr. Mit dem Fallen des Zinses, den keine Bodenrente mehr auf einem Minimum erhält, wird der Staat den Zinsfuß seiner Pfandbriefe durch Konversion herabsetzen. Mit der gestiegenen Produktionskraft wird auch die Grundrente steigen und der Totaleffekt der Zinsreduktion und der Rentensteigerung wird die Amortisation in etwa 15 Jahren sein.

Die Grundbesitzer können nach vollzogenem Verkauf an den Staat ihre Grundstücke von diesem in Pacht übernehmen — bei gleichem Gebote wird ihnen das Vorrecht eingeräumt, wobei die vom Boden trennbaren Objekte ihm als Privat-

[1] Den gleichen Standpunkt vertritt auch Spencer.

eigentum weiter angehören sollen, wie denn überhaupt bei der Wertschätzung des Bodens drei Gesichtspunkte im Auge behalten werden müssen: 1. Der Wert der vom Boden trennbaren Objekte — bleiben nach wie vor im Privateigentum, 2. der Teil, der für die Arbeit des Bodenbebauers entfällt — dieser bleibt als Vergütung dem Pächter, 3. die eigentliche Grundrente, und diese fällt dem Staate zu. Im weiteren Ausbau seiner Theorie kommt Flürscheim auch gelegentlich zur Forderung der Verstaatlichung der Grundbeleihungsinstitute als den Weg, die Rente zu verstaatlichen, wohl von dem Prinzip von Rodbertus ausgehend: „Hypothek ist Grundbesitz.“ Mit dem Rentenbezug des Staates fallen alle übrigen Steuern dahin, und dieser Umstand werde auf die Produktion eine ähnliche Wirkung haben, wie die Entfernung eines ungeheueren Gewichtes von einer mächtigen Springfeder.

Durch die Verstaatlichung der Grundrente werde aber vor allem ein stetiges Sinken des Zinses eintreten, da dem Zinsfuß in der Grundrente sein einziger Halt genommen werde. Handel und Industrie blieben die einzigen Anlagemittel, und im wachsenden Angebot werde sich das Kapital ihnen darbieten. Diesem ständig in riesigem Verhältnis wachsenden Kapitalangebot stünde eine sich nur mäßig mehrende Arbeiterzahl gegenüber und die Folge müsse naturgemäß ein Fallen des Zinses und ein Steigen des Lohnes sein. Unter diesen Umständen wäre es dem Arbeiter ein leichtes, soviel Kapital zu bekommen, wie er zur Verwertung seiner Arbeitskraft brauche, und er werde nur dann in den Dienst von Unternehmern treten, wenn diese ihm einen Lohn zahlen, der mindestens dem Verdienst entspricht, den er für seine eigene Rechnung erzielen könnte. Andrerseits werde auch dem Unternehmer der volle Lohn seiner Arbeit zukommen, was heute nicht der Fall sei, weil die Hauptklippe der heutigen Geschäftsbetriebe, die Absatzschwierigkeit, verschwinden würde.

Durch die Erhöhung der Löhne werde in hohem Maße die Konsumfähigkeit der Arbeiter steigen und hierdurch der Konsum. Dieser erhöhe den Absatz, welcher seinerseits die Produktion und eben dadurch die Arbeitsgelegenheit, die

Nachfrage nach Arbeit, vermehre. Dieser erhöhten Produktion werde ein stets wachsender Konsum folgen, den Arbeitern werde eine unendlich vervielfältigte Arbeitsgelegenheit gegeben und nach und nach würden sie in den Besitz des vollen Arbeitsertrages kommen. Der riesige Mehrkonsum des eigenen Volkes werde das heutige Drängen nach Export, verbunden mit möglichster Verhinderung des Imports, aufhören lassen und allgemeinen Freihandel erzeugen. Besonders mächtig werde diese Reform auf die Schicksale der Landwirtschaft einwirken, denn die Unrentabilität der Landwirtschaft, ihre Ohnmacht der ausländischen Konkurrenz gegenüber, basiere auf den heutigen Bodenbesitzverhältnissen; der Mietpreis des Bodens sei zu hoch, sei es in Form der Pacht oder des Kapitalzinses, um der Arbeit genügenden Nutzen zu überlassen. Bei niederem Bodenpreis könnte man billiger Getreide produzieren als in Amerika. Die Kapitalbildung werde einen mächtigen Anstoß bekommen, denn der Zins sei heute deren größtes Hindernis — die Rentabilitätsfrage sei die maßgebende bei jeder Unternehmung. Unzählige Kapitalverwendungen, mittelst welcher neues Kapital geschaffen werden könnte, welche heute unmöglich sind, weil sie keinen genügenden Zins ergeben, werden nach Verschwinden dieses Faktors möglich werden. Alle sozialen Fragen in den verschiedensten Schattierungen und Umfange werden ihrer Lösung unfehlbar entgegengeführt werden. Die Bodenbesitzreform sei das versöhnende Mittelglied zwischen den Gegensätzen des Individualismus und Sozialismus. Sie ließe die persönliche Schaffenskraft frei und erfülle in dieser Weise die Ideale des Individualisten, ebenso aber auch die des Sozialisten, indem sie dem Arbeiter den vollen Ertrag seiner Produktion und das Recht auf Arbeit sichert. Soweit Flürscheim, der die Wurzel des Übels unter der Herrschaft der kapitalistischen Produktionsweise nicht in der Produktion von Mehrwert, sondern in der Art und Weise seiner Akkumulierung sieht.[1]

[1] Flürscheim ging ums Jahr 97/98 nach Neu-Seeland, um dort, seinen Prinzipien treu, seine Pläne einer Geldreform durchzuführen —

Ohne in eine gründliche Kritik seiner Prämissen und Schlüsse einzugehen, soll hier nur auf die Hauptmomente hingewiesen werden — auf die Krisen- und Zinstheorie, die auf falschen Voraussetzungen basieren. Flürscheim meint, wie oben ausführlich dargelegt, daß die sichere Art der Tributerlangung in Form von Zins und Rente in erster Linie für die Krisen verantwortlich sei. Aber wenn wir uns auch den Zins und die Rente als beseitigt denken, so werden doch die Krisen, als sozialökonomische Kategorie, nicht schwinden, solange die immer mehr um sich greifende Sucht nach ausländischen Märkten als unmittelbares Produkt der planlosen fieberhaften Produktionsweise vorhanden sein wird. Ruhland weist auch mit Recht darauf hin, daß Flürscheims Erklärung der Handels- und Absatzkrisen die wirklichen Tendenzen des Marktes und Preises nicht erklärt, denn es sollte doch nach dieser Theorie, nach der die Absatzstockungen aus dem unverzehrten Einkommen der Großkapitalisten ihren Ursprung nehmen, ein permanentes Fallen der Preise stattfinden, während wir auf dem Markte große Preissteigerungen jeweils zu konstatieren haben.[1]

Was nun die Zinstheorie von Flürscheim anbelangt, so ist es eigentlich eine Tautologie, den Zins aus der Rente zu erklären.[2] Es muß vielmehr zur Erklärung des Zinses, als einer

---

er glaubt durch Ausschließung des Metallgeldes dem Zins Einhalt tun zu können. Überhaupt ist zu bemerken, daß in seiner Theorie vielfach ganz auffallende Berührungspunkte mit dem System Proudhons zu konstatieren sind.

[1] Siehe hierzu „Die Agitation zur Verstaatlichung des Grund und Bodens in Deutschland". Eine dogmatisch-kritische Studie von G. Ruhland. Tübinger Zeitschrift für gesamte Staatswissenschaft. 1887.

[2] Nach Roschers „Geschichte der Nationalökonomik in Deutschland" wurde diese Zinstheorie zuerst von Gabriel Biel aufgestellt, der in seinem 1501 erschienenen Hauptwerke „Collectorium sententiarum" die Zinsbarkeit des Kapitals von der unzweifelhaften Produktivität der Grundstücke herleitet. Dieses Argument wurde sodann von Calvin gegen das kanonistische Zinsverbot hervorgekehrt, von Quesnay und Turgot übernommen und vom letzteren zur sogenannten Fruktifikationstheorie ausgebildet. Hasbach hat übrigens in seinem Werke „Unter-

ökonomischen Kategorie, auf die Funktionen des Kapitals im Produktionsprozeß zurückgegangen und in denselben Erklärung für den Zins gesucht werden — aus der technischen Produktivität des Kapitals und nicht aus der Anlagemöglichkeit im Grund und Boden, die nur einen Spezialfall der Kapitalanlage darstellt, muß der Zins erklärt werden. Solange Kapital zu produktiven Zwecken verwendet wird, solange man bei der Verwendung desselben ein Mehr an Produkten erzielt als ohne dasselbe, wird der Zins als Entgelt für überlassene Vorteile bestehen, selbst wenn der ganze Grund und Boden verstaatlicht wird.

Was nun speziell die Möglichkeit der unendlich „vervielfältigten Arbeitsgelegenheit" anbelangt, so unterliegt sie insofern einem Zweifel, als der landwirtschaftliche Boden doch eine gegebene Größe ist und die Verpachtung nach dem Prinzip der freien Konkurrenz nur den Kapitalkräftigen die Arbeitsgelegenheit gewähren kann, die die materielle Fähigkeit besäßen, die höchste Grundrente an den Staat am leichtesten zu zahlen und auch das nötige Kapital zur Produktion verwenden könnten. Und da mit dem Privateigentum an Grund und Boden auch der Realkredit beseitigt wird, so wird damit dem Kapitallosen vollends die Möglichkeit genommen, sich Land zu erwerben, denn das von Flürscheim verkündete zinslose Anbieten von Kapital würde bald ein Ende nehmen.

Was die industriellen Arbeiter anbelangt, so meint Diehl im Artikel „Bodenbesitzreform" im Handwörterbuch der Staatswissenschaften, die Flürscheimsche Reform könne für sie eine vorübergehende Lohnerhöhung bewirken, wobei aber nach dem ehernen Lohngesetz die intensiv sich vermehrende Bevölkerung den Lohn bald auf sein ursprüngliches Niveau herabdrücken werde. Ich glaube auch diese vorübergehende Lohnerhöhung insofern in Frage stellen zu müssen, als die Entziehung des Grundeigentums, als der eigentlich stabilen

---

suchungen über A. Smith und die Entwicklung der politischen Ökonomie" von 1891 nachgewiesen, daß sich auch ähnliches bei Christian Wolff und Hutcheson vorfindet.

Unterlage des Großkapitals, und die Vernichtung des Kapitalrentenmarktes zunächst eine massenhafte Emigration der Kapitalien nach sich ziehen wird, und der inländische Absatz wird dann um eine beträchtliche Summe reduziert werden. Und da die Absatzstockungen, weil internationalen Charakter tragend, durch die Reform nicht beseitigt werden, so bleibt ein größeres Quantum Arbeitskraft unbeschäftigt. Das soll sich nun dem Ackerbau zuwenden, aber da die Nachfrage das Angebot übersteigen wird, so werden die Preise eine rapide Erhöhung erfahren (und an dem Prinzip der freien Konkurrenz soll ja nicht gerüttelt werden). Außerdem stoßen wir auf die Gefahr der zu weit gehenden Parzellierung der zu Gebote stehenden Flächen und der irrationellen Kultur, welch letztere um so größer ist, als die sich der Pacht zuwendenden Elemente der landwirtschaftlichen Erfahrung und Schulung entbehren — Momente, welche vom Standpunkte der Gesamtwirtschaft aus als durchaus verwerflich erscheinen. Und zudem würde Flürscheims Methode der Bodenverstaatlichung die Übermacht des mobilen Kapitals durch das Entschädigungsmoment gewaltig steigern. George ist diesem Übel aus dem Wege gegangen.

Wir haben gesehen, wie die ursprünglich sehr radikal gedachte Theorie unter dem Drucke der bestehenden Machtverhältnisse eine Konzession nach der anderen gewährt. Flürscheim gelang es, unter intensiver energischer Agitation, 1886 einen Verein ins Leben zu rufen — „die Landliga", mit dem Organ „Land", dessen hervorragendste Mitglieder außer ihm Stamm und Helldorf waren. Und als dieser sich auflöste, wurde 1888 zu Frankfurt a. M. der „Bund für Bodenbesitzreform" gegründet, als dessen Zweck bezeichnet wurde „die Aufklärung der öffentlichen Meinung über die wirkliche Grundursache des wirtschaftlichen Notstandes und die Beratung der Mittel zu seiner Beseitigung. Die erstere erblickt der Bund in der im arbeitslosen Zins- und Grundrentengenuß wurzelnden Aufhäufung von ungeheuren Reichtümern in Einzelhänden, deren Besitzer ihre Einkommen nicht aufbrauchen". Es werden in knapper skizzenhafter Weise die

Flürscheimschen Grundprinzipien dargelegt und „als Mittel wird ins Auge gefaßt: Verstaatlichung oder Kommunalisierung des Grund und Bodens oder der Grundrente“. Das Organ wurde in „Deutsch-Land“ und dann in „Frei-Land“ umgewandelt[1]. Aber trotz aller Bemühungen wollte, wie schon angedeutet, die Sache nicht in den rechten Fluß kommen. Die Arbeiter faßten die Bestrebungen des Bundes als eine „verächtliche Halbheit“, als „eine Ausbeutung der sozialen Ideen zugunsten des beweglichen Kapitals“ auf, die Bourgeoisie als eine mit ihren wesentlichen Interessen divergierende Konzession dem Sozialismus, als, um mit Kautsky zu sprechen, „eine Darreichung des kleinen Fingers an den Teufel Sozialdemokratie“. Es wurden auch seitens der Bourgeoisie diese Bestrebungen durchweg als kommunistische, umstürzlerische betrachtet und behandelt, man nannte sie „sozialdemokratische Deklamationen“, wahrscheinlich wegen der scharfen Kritik der bestehenden Verhältnisse[2]. Die Agitation Flürscheims und seiner Adepten beurteilte man als eine dem Eintreten einer Katastrophe in bedenklicher Weise die Wege ebnende Bewegung. Und die Reichskommission in Berlin fällte 1886 folgenden Beschluß bezüglich der Bodenbesitzreform: „Mag die Landliga . . . in dem Wahne befangen sein, daß die erstrebte Besitzreform sich auf friedlichem Wege erreichen lasse und mag sie ihre Reformpläne in wissenschaftlichen Abhandlungen für Nationalökonomen näher erläutern und begründen — in einem auch für Arbeiterkreise und ein weniger gebildetes und urteilfähiges Publikum bestimmten Tageblatte kann das als gebieterische Notwendigkeit aufgestellte Postulat

---

[1] Nicht zu verwechseln mit „Freiland“, von Hertzka herausgegeben, dessen Bestrebungen Damaschke ursprünglich mit aller Entschiedenheit entgegentrat. In der Folge wurden auch seitens der Bodenbesitzreformer praktische, meist fehlgeschlagene Versuche angestellt, so Tobolobampo und Freeland im Auslande, Friedrich-Wilhelmsdorf in Deutschland u. a. m.

[2] Als Flürscheim einmal in Jena auftrat, haben zwei Jenaer Professoren gegen ihn die Anklage erhoben, seine Auseinandersetzungen seien Reden, mit denen man eine Revolution vorbereite. (Jenaer Volksblatt 1891, Nr. 19.)

die Abschaffung einer mit der bestehenden Gesellschaftsordnung fest und unzertrennlich verwachsenen Einrichtung jedenfalls leicht zu unheilvollen Mißverständnissen, leidenschaftlichem Klassenhasse und erbittertem Klassenkampfe Veranlassung geben." Trotz der Beteuerungen Flürscheims, Helldorfs, Harmenings und anderer, daß ihre Bestrebungen mit denen der Kollektivisten nichts zu tun haben, daß sie umgekehrt allein die Möglichkeit böten, den kollektivistischen Bestrebungen erfolgreich die Spitze zu bieten, daß sie das Grundprinzip der Sozialdemokratie, die Abschaffung der anarchischen Produktionsweise aufs entschiedenste verwerfen, und als Hauptgrundsatz ihrer ökonomischen Anschauungen „Angebot und Nachfrage, als unentbehrliche Regulatoren der Güterproduktion und Verteilung, deren Feinfühligkeit und Unparteilichkeit nie von bezahlten Arbeitern erreicht werden wird" (Flürscheim) hinstellen — trotz alledem hat die Reichskommission die Flürscheimschen Bestrebungen als solche bezeichnet, die unter das Sozialistengesetz fallen. So intensiv spukte das Gespenst des revolutionären Sozialismus in den Köpfen des Publikums und der regierenden Kreise, daß man sich nicht die Mühe geben wollte, der Sache auf den Grund zu gehen und den tief bürgerlichen Charakter der ganzen Bewegung hinter seiner radikalen Maske ans Licht zu ziehen.

Eine Versöhnung des Sozialismus mit dem Individualismus nannte Flürscheim sein System — reiner Sozialismus mit völliger Beseitigung individueller Wirtschaft oder soziale Erfolglosigkeit — lautete das Prognostikon der Wissenschaft. Und sie behielt Recht. Die Versiechung und Verarmung an lebensfähigen Ideen und überzeugungsfesten, energiereichen Elementen griff weiter und immer weiter um sich und drohte die ganze Bewegung in die Finsternisse der Vergessenheit stürzen zu wollen — und das zur gleicher Zeit, wo die Sozialdemokratie immer mehr an Macht und Ansehen gewann. Die Prophezeihung, die Bebel 1889 gemacht, daß „die Bodenbesitzreform nie und wir möchten sagen, naturgemäß zu einer einflußreichen und entscheidenden Stellung in den sozialpolitischen Kämpfen der

Gegenwart oder der Zukunft kommen wird“ [1], schien sich aufs glänzendste zu bewähren. Vom natürlichen Instinkt der Selbsterhaltung angetrieben, „der Not gehorchend — nicht dem eignen Trieb“ machten die wenigen Ideologen dieser versiechenden Bewegung mit dem Mut der Verzweiflung ein salto mortale durch: im Februar 1898 wurde der ordentlichen Hauptversammlung ein neuer Programmentwurf vorgelegt, der besagt: der Bund der Bodenbesitzreformer denkt nicht daran, das Grundeigentum verstaatlichen zu wollen. Es wurde der großartige Deckmantel der Lösung der sozialen Frage abgestreift und trotz der abwehrenden Haltung der letzten Mohikaner (Harmening, Pohlman) gegen diese prinzipielle veränderte Stellungnahme ein Programm aufgenommen, welches unter absolutem Verzicht des § 1 der früheren Programms (§ 1 Aufhebung des Privateigentums am Grund und Boden) folgenden Wortlaut hat: „Der Bund der deutschen Bodenreformer sieht in der Grund- und Bodenfrage den wesentlichsten Teil des sozialen Problems. (Also nicht mehr „das Alpha und Omega der sozialen Frage“ wie Helldorf in der Schrift: „das Recht der Arbeit und die Landfrage“ es formulierte.) Er tritt dafür ein, daß der Grund und Boden, diese Grundlage aller nationalen Existenz, unter ein Recht gestellt werde, das seinen Gebrauch als Werk- und Wohnstätte befördert, das jeden Mißbrauch mit ihm ausschließt und das die Wertsteigerung, die er ohne die Arbeit des einzelnen erhält, möglichst dem Volksganzen nutzbar macht.“ Von diesem Gesichtspunkte ausgehend stellt der Bund zunächst folgende Forderungen auf:

1. Organische Überführung des Realkredits in öffentliche Hand;

2. Verhinderung der gemeinschädlichen Ausnutzung der Naturkräfte und monopolistischer Gewerbe und Betriebe;

3. a) Erhaltung und planmäßige Erweiterung des Gemeindegrundeigentums. b) Erlaß eines Wohnungsgesetzes, das die spekulative und übermäßige Ausnutzung des Bodens ver-

---

[1] „Das Maschinenalter“, Besprechung einer anonymen Utopie von A. Bebel. Neue Zeit 1889.

hindert und Wohnräume ausschließt, die in gesundheitlicher und sittlicher Beziehung gerechten Anforderungen nicht entsprechen. c) Besteuerung des unbebauten städtischen Bodens nach dem Werte, der durch Selbsteinschätzung zu bestimmen ist. Enteignungsrecht der Gemeinden zu dem durch Selbsteinschätzung bestimmten Wert. d) Bei allen Wertsteigerungen, die durch Verbesserung auf öffentliche Kosten geschehen (Brücken-, Schul-, Museumsbauten, Straßenbahn-, Parkanlagen usw.) Heranziehung der Bodenbesitzer, deren Eigentum dadurch steigt, im Verhältnis dieser Wertsteigerung. e) Bei ländlichen Zwangsverkäufen ein Vorkaufsrecht für die Gemeinden, bezw. für den Staat. f) Planmäßige innere Kolonisation durch den Staat und zwar in einer Form, die eine spekulative Verwendung und eine Überschuldung des neugeschaffenen Besitzes ausschließt. g) Sicherstellung der Forderungen der Bauhandwerker. h) Unterstützung von solchen Baugenossenschaften, die am gemeinschaftlichen Eigentum festhalten, namentlich auch durch pachtweise Überlassung von Gemeindeeigentum.

In dieser Versammlung wurde auch beschlossen, die Sache parteilos zu verfechten und den Namen „Bund deutscher Bodenreformer" anzunehmen, wogegen Richard Berg, in richtiger Erkenntnis der neuen Tendenzen des Bundes, protestierte und den Namen des „deutschen Wirtschaftsreformbundes" vorschlug.

Zu gut deutsch heißt dies alles: wir verzichten auf jeden Anspruch, die soziale Frage als solche zu lösen und wenden uns den leichter erreichbaren realpolitischen Zwecken der Wiederherstellung eines Mittelstandes zu. Die früheren Prinzipien werden rücksichtslos aufgegeben. „Von älteren Bodenreformern sind in weiteren Kreisen noch bekannt Flürscheim, Th. Stamm und Hertzka. Ausdrücklich sei gesagt, daß der heute unter Führung von A. Damaschke stehende Bund deutscher Bodenreformer einen wesentlich anderen Standpunkt einnimmt. . . Die deutsche Bodenreformbewegung will k e i n e Verstaatlichung des gesamten Grund und Bodens, ebensowenig will sie völlige Kommunalisierung des großstädtischen Grund und Bodens. Es handelt sich lediglich um eine Bekämpfung der unsozialen Auswüchse des bestehenden deutschen Bodenrechtes. . . Die Bodenreform will einen Teil des Zuwachswertes, der jetzt dem einzelnen als unverdienter Gewinn zufällt, für die Allgemeinheit in Anspruch nehmen." [1]

„Den eigentlichen Kernpunkt der bodenreformerischen Agitation" (Timmerman) bilden die Fragen der Steuerpolitik. Um die Spekulation im Baugelände einzuschränken, sollen die Gemeinden die zu Spekulationszwecken erworbenen und der Bebauung entzogene Terrains mit progressiven ihrem wirklichen Werte entsprechenden Steuern belegen. Die Bodenreformer fordern ferner die Abschaffung der Grund- und Gebäudesteuer nach dem Nutzungswerte, die in Preußen für bebauten Boden nach dem sog. Gebäudesteuernutzungswert, für das unbebaute wertvolle Baustellenland nach dem landwirtschaftlichen Grundsteuerreinertrag, wie er durch den Kataster von 1861 festgelegt ist, erhoben werden. Große Landflächen, die mit dem spekulativen Zweck auf unbedingte Werterhöhung erworben werden, werden mit einer Steuer belegt, proportionell dem nominellen Ertrag dieser Flächen, als landwirtschaftlich benutzten Bodens. So werden Flächen im Werte von Hunderttausenden mit einer Steuer von einigen Mark belegt, da der Boden seiner Beschaffenheit nach z. B. nur als Kartoffelfeld Verwendung finden könnte. Da dies geradezu eine Prämiierung der Bodenspekulation bedeutet, so wird als Hauptdevise die Steuer nach dem gemeinen Wert proklamiert — d. h. die gleichmäßige Heranziehung der bebauten und unbebauten Liegenschaften und zwar nach ihrem Verkaufswert. Daneben wird als die gerechteste und zugleich sozialpolitisch wirksamste Form der Bodenbesteuerung die Zuwachssteuer in progressiver Abstufung nach der Höhe des Mehrerlöses über den Einkaufspreis postuliert. Sie wird nicht periodisch, sondern nur beim Besitzwechsel erhoben.[2]

---

[1] „Was will die Bodenreform?" von W. Timmerman mit Vorwort von A. Damaschke.

[2] In Frankfurt am Main ist diese Steuer eingeführt. Im übrigen ist das Steuerprogramm der Bodenreformer in der ostasiatischen Kolonie Kiautschou durch das Reichsmarineamt am vollständigsten zur Durch-

Zum gleichen Zwecke „der Beseitigung der immer bedrohlicher auftretenden Wohnungsnot und zur Bekämpfung der gemeinschädlichen, den Boden und damit die Mietspreise künstlich in die Höhe treibenden Bodenspekulation“ wird eine Erweiterung der Enteignungsrechte der Gemeinde, Unterstützung der gemeinnützigen Baugenossenschaften, Überlassung des Grund und Bodens an Private nach dem Prinzip des Erbbaurechtes usw. gefordert. Erwähnenswert ist noch das Bestreben der planmäßigen Gründung von sog. Gartenstädten auf genossenschaftlichem Prinzip. Angemessene Wohnungsinspektion, staatlich festgesetzte Bauordnung, Bebauungspläne, bei denen das hygienische, ästhetische und ethische Moment auch zu ihren Rechten gelangen — sollen dem Wohnungselend ein Ende machen, (siehe Damaschke „Die Bodenreform und die Lösung der Wohnungsfrage“) dem Wohnungselend, bei dem „der Hauptleidtragende . . die deutsche Industrie ist, die die hohen Mieten im letzten Grunde bezahlen muß und dadurch in ihrer Konkurrenzfähigkeit auf dem Weltmarkt geschädigt wird“. (Timmerman[1]). Zum Schutze und zur Sicherstellung der Forderungen der Bauhandwerker wird eine Hypothekarreform in dem Sinne postuliert, daß bei der grundbuchlichen Eintragung eine Vorzugsbehandlung der Meliorationshypotheken einzuführen ist, d. h. Forderungen, die aus

führung gelangt. Es besteht dort eine Steuer nach dem gemeinen Wert in der Höhe von 60 pro Mille, eine Umsatzsteuer von 2% und eine in dreijährigen Perioden erhobene Zuwachssteuer von 33⅓%. (Siehe die Broschüre „Kiautschou oder Kamerun?“.)

[1] Für die intensivere Heranziehung der Baugrundbesitzer zu den städtischen und kommunalen Steuerlasten haben die Bodenreformer einen starken Anreiz speziell im preußischen Kommunalabgabengesetz vom 14. Juli 1893, das die Realsteuern der Gemeinde überwies, wobei ihr Spielraum gelassen ist, „ihr Steuersystem nach den besonderen Verhältnissen der Gemeinde auszugestalten“. „Die Realsteuern,“ besagt die amtliche Denkschrift zu diesem Gesetze, „sollen den Grund und Boden und die Gewerbebetriebe für die ihnen vorzugsweise zugute kommenden oder durch sie veranlaßten Ausgaben nach dem Grundsatz der Leistung und Gegenleistung in Anspruch nehmen.“ — Paul Hirsch hatte auch vollständig recht, wenn er in seinem Artikel „Sozialreformer-Kongresse“ (in der Neuen Zeit, XXIII. Jahrg.) die Bodenreformer Steuerreformer nennt.

wirklichen Verbesserungen eines Grundstücks (Aufführung von Bauten usw.) herrühren, sollen einen wirksameren Schutz erfahren als der heutige Rechtszustand ihnen bietet. Auch gegen die privaten Hypothekenbanken, gegen diese „modernen Dampfbetriebe der vaterländischen Bodenverschuldung“ wird mobil gemacht — diese Grundbeleihungsinstitute sollen verstaatlicht resp. verstadtlicht werden. Inbezug auf den Boden, der den Zwecken der unmittelbaren Produktion landwirtschaftlicher Erzeugnisse dient, wird die Festlegung einer Verschuldungsgrenze, Übernahme sämtlicher Hypotheken bis zur Verschuldungsgrenze durch den Staat postuliert — also ein Hypothekarrecht, welches den kleineren und mittleren Grundbesitzern die Möglichkeit gewähren könnte, sich von der sie vernichtenden Macht des Privatkapitals zu emanzipieren.

Alle diese Forderungen weisen den unverkennbaren Stempel der Mittelstandspolitik auf — vom Radikalismus der ersten Ideologen dieser Bewegung blieb nichts übrig. Das Charakteristikum der Mittelstandspolitik — das Bestreben, das siegreiche Vordringen des Kapitals aufzuhalten, „das Rad der Geschichte umzudrehen“, kommt ihnen in hohem Maße zu.

Das Typische der Bodenreform der neuesten Formation ist die ausschließliche Betonung der Baubodenrente, ein Moment, das den Hauptfaktor in der immer weiter um sich greifenden Verbreitung der Ideen der gegenwärtigen Bodenreform bildet. Indem sie sich zum Objekt ihrer ausschließlichen Aufmerksamkeit die städtischen Agrarier auserkoren und somit bei dem allmählichen Steigen der städtischen und kommunalen Steuerlasten und bei den auf den ersten Blick auffallenden und in die Augen springenden Gewinnen der Terrainspekulation das Publikum vor die unmittelbare Wirkung der städtischen Bodenrente hingestellt hat, hat sie sich eine große Schar von Anhängern erworben, die sich aus den verschiedensten sozialen Gruppen rekrutieren und keine politische Einheit darstellen. Es ist aber unverkennbar, daß diese Weite auf Kosten der Tiefe geht.[1]

---

[1] Es wird außerdem seitens des Bundes angestrebt, den Grund und Boden in den Kolonien durch ein angemessenes Abgabensystem der

Die ganze Bewegung in ihrer gegenwärtigen Form hat mit der älteren nur das gemein, daß beide eine Abzweigung derjenigen Bestrebungen darstellen, deren Tendenz durch das Ringen nach einem neuen Recht am besten charakterisiert wird. „Solange es sich nur darum handelte, an Stelle des auf naturalwirtschaftliche Zustände bezüglichen germanischen Rechts ein Geldrecht zu setzen, daß dem erweiterten volkswirtschaftlichen Verkehr jener Tage entsprach, sagt Aug. Oncken in seiner „Geschichte der Nationalökonomie", reichte das wieder hervorgesuchte Recht Roms aus. Als der gesteigerte wirtschaftliche Verkehr später darüber hinausschritt, konnte es seinerseits nicht mehr nachfolgen, und man rief nach einem neuen Recht, in dessen Bildungsperiode wir uns gegenwärtig befinden." Den Prinzipien des römischen Rechts sollen die des germanischen an die Seite resp. entgegengestellt werden — die beiden so miteinander divergierenden Rechtsprinzipien sollen synthesiert werden, die individualistischen Auswüchse des einen sollen durch die sozialen Tendenzen des anderen unschädlich gemacht werden. Es ist dies die Richtung, deren sozialökonomische Tendenzen H. Spencer durch das Schlagwort „von Freiheit zur Gebundenheit" treffend charakterisiert.

Wie weh dieser zielbewußte Umschwung denjenigen war, die mit ungeschwächter Energie und Enthusiasmus am früheren Ziele weiter arbeiteten, läßt sich aus einem Artikel Flürscheims entnehmen.[1] Er warnt seine deutschen Gesinnungsgenossen, daß sie auf dem Wege der Besteuerung nichts als herbe Enttäuschung zu erwarten haben — es sei dies ein gefährlicher

---

privaten Spekulation zu entreißen, der Tätigkeit der Kartelle und Syndikate, als den intensivsten Formen der Kapitalskonzentration in wirksamer Weise entgegenzutreten usw. Und trotz dieser harmlosen Bestrebungen spricht man noch von einer „Förderung der Sozialdemokratie" durch die Bodenreform, verlangt man die „Entschleierung des absichtlich unklar gehaltenen Programms". (Deutsche Volksstimme 1900.) Wahrlich, „scharfes Unterscheiden ist nie die Sache des Durchschnittsbourgeois gewesen".

[1] „Das nächste Ziel" von Flürscheim. Deutsche Volksstimme 1899.

Abweg. Persönlich habe er nichts gegen eine höhere Bodenbesteuerung einzuwenden — nur sei es eine Steuerreform, nicht Bodenreform in dem Sinne, in dem sie diesen Begriff bei Gründung des Bundes auffaßten — im Sinne der Wiedererwerbung des Bodens für die Gemeinschaft. Dies gibt auch Pohlman-Hohenaspe (Nr. 24 der Deutschen Volksstimme, 1905) zu, indem er die Bestrebungen der Bodenreformer in ihrer gegenwärtigen Gestalt in knapper und anschaulicher Weise folgendermaßen formuliert: „Eine planmäßige organische Verschiebung des Schwergewichts der Steuergesetzgebung vom erarbeiteten zum arbeitslosen Einkommen.“ Auf das Beispiel Neu-Seelands hinweisend (dieser Artikel kam aus Australien), bringt Flürscheim wiederholt die dringende Bitte hervor, in die alte Bahn zurückzukehren. Das grüne Leben hat aber wieder den Sieg über die graue Theorie davongetragen.[1]

[1] Zwar konstituierte sich auch nach dem Auftreten Damaschkes als Sonderorganisation ein „Berliner Henry-George-Klub“, der die Betonung des prinzipiell radikalen Gesichtspunktes als Gegengewicht der kleinlichen Arbeit sich zum Ziele setzte, löste sich aber bald auf.

Zweites Kapitel.

Das Verhältnis der Bodenbesitzreform zum Sozialismus.

Sowohl in ihrer ursprünglichen als auch in derjenigen Form, die wir eben gekennzeichnet haben, hat die Bodenreform Versuche gemacht, die Sozialdemokratie für ihre Bestrebungen zu gewinnen, in der letzteren einen Bundesgenossen zum gemeinsamen Ansturm auf den gemeinsamen Feind zu erwerben[1]. Am meisten hat sich, wie schon angedeutet, Flürscheim darum bemüht. Er suchte mit allen Mitteln die Sozialdemokratie zu überreden, daß die Sozialisierung des Grund und Bodens allein durch das von ihr bewirkte Verschwinden des Kapitalzinses vollständig ausreichen würde, ein Verteilungssystem nach ihrem Ideale anzubahnen. (Wie wir bald sehen werden, hat die sozialdemokratische Kritik vornehmlich an diesem Punkte angeknüpft.) Wir haben auch gesehen, daß die Tendenzen der Bodenbesitzreformer, infolge der radikalen Formulierung ihrer Forderungen und der scharfen

[1] Als die „Deutsche Volksstimme" zum Organ der Nationalsozialen wurde, da trat naturgemäß ein Umschwung in ihrem Verhältnis zur Sozialdemokratie ein. Bei der Zusammenkunft in Erfurt (26.—29. Septbr. 1897) wurde ein Programm angenommen, in dem es u. a. heißt: „Wir stehen in einem scharfen Gegensatze zur marxistischen Sozialdemokratie, weil diese Richtung nicht national und zugleich ein schweres Hindernis einer gesunden Entwicklung Deutschlands und des Arbeiterstandes ist. Wir werden daher die sozialdemokratische Partei mit allen tauglichen Mitteln bekämpfen."

Kritik der bestehenden ökonomischen und sozialen Verhältnisse als sozialistisch bezeichnet wurden, und diese Lehre trägt auch in ihrer gegenwärtigen sehr zahmen Form, wie alle Mittelstandstheorien, einen halbsozialistischen Charakter, der manchen irreführt. Es ist somit die Frage nach dem Verhältnis der Bodenreform zum Sozialismus nicht nur von theoretischem, sondern auch von eminent praktischem Interesse. Was die Bodenreform in ihrer gegenwärtigen Gestaltung anbelangt, so leuchtet es von vornherein ein, daß die Sozialdemokratie ihrem innersten Wesen nach, als Trägerin einer sozialen Bewegung, deren Endziel die vollständige Beseitigung der bestehenden Produktionsweise, deren ökonomisches Grundprinzip die möglichst intensive Entfaltung der Produktivkräfte, als unbedingter Voraussetzung der Umwälzung der Produktionsweise, deren Organisationsprinzip eine mehr oder weniger weitgehende politische Isolierung von denjenigen Parteien, die einen bourgeoismäßigen Charakter tragen, ist, daß die Sozialdemokratie nichts Gemeinschaftliches mit einer Partei haben kann, die bestrebt ist den status quo nicht nur zu erhalten, sondern ihn, durch Beseitigung seiner Auswüchse, noch womöglich auf eine festere Basis zu stellen, die in politischer Hinsicht ein Konglomerat von verschiedenartigsten Elementen darstellt [1], deren ökonomisches Grundprinzip die Erhaltung des Mittelstandes ist.

Es spricht sich auch Kautsky in seiner „Agrarfrage" zugunsten der Heranziehung der Grundbesitzer aus, „deren Grundbesitz dadurch im Werte steigt bei Bodenmeliorationen, Durchführung von Kanälen usw." Bezüglich der Frage der Verstaatlichung der Kohlenbergwerke ringt in der Sozialdemokratie jetzt eine Anschauung um Geltung, welche mit

---

[1] Selbst mit den seinem Herzen so lieben Nationalsozialen will Damaschke seit 1898 nicht mehr gemeinsame Sache machen -- der Bund soll nie im fraktionspolitischen Sinne Partei werden. „Er wird der neutrale Boden sein müssen, auf dem sich konservativ und nationalsozial, antisemitisch und freisinnig, nationalliberal und demokratisch gerichtete Männer zusammenfinden können." (Damaschke, Deutsche Volksstimme 1898.)

der der Bodenreformer übereinstimmt. Denn wenn Kautsky die bürgerliche Verstaatlichung als „gefährliches und nutzloses Experiment“ ablehnt und meint, daß „trotz aller Palliativmittel der Kohlenwucher wachsen wird, bis das Proletariat die politische Macht erobert[1]“, so plädieren Bebel, Hué und andere für die sofortige Verstaatlichung, als eine dringende Frage des öffentlichen Wohles, der zunächst alle sozialistischen oder auch nur staatssozialistischen Momente fernstünden.[2] Und auch die auf dem Lübecker Parteitage 1901 auf Antrag Südekums angenommene Resolution bezüglich der Gemeindepolitik hat viele Gedanken mit dem bodenreformerischen Programm gemein. Allein das wesentliche Moment darf nicht übersehen werden — für die Sozialdemokratie sind es nur Mittel, und zwar „kleine Mittel“.

Anders gestaltet sich nun die Sache, wenn man die ursprüngliche Form dieser Bewegung ins Auge faßt, diejenige Form, die im socialisme rationnel gegenwärtig ihren Ausdruck findet. Da ist der bourgeoismäßige Charakter durch die anscheinend radikale Form maskiert. Wie verhält sich nun der Sozialismus zu dieser Lehre, die eine ganz auffallende formelle Ähnlichkeit mit einer der Grundforderungen des Sozialismus aufweist? Schon vom rechtsphilosophischen Standpunkte aus müßte der Marxismus die ganze Bewegung, als eine Reform der herrschenden Produktionsweise nach einem vorgezeichneten Plane, die an das Gerechtigkeits- und Solidaritätsgefühl der Gesellschaft appelliert, perhorreszieren. Der objektive Gang des objektiven geschichtlichen Prozesses führt uns mit Naturnotwendigkeit dem Sozialismus zu, ohne Rücksicht auf das Wollen und das Nichtwollen der Klassen und Gruppen oder Individuen. Der Umschwung der herrschenden Produktionsweise wird nur objektiv konstatiert, nicht aber subjektiv konstruiert.

Wenden wir uns dem nationalökonomischen Standpunkte zu, so stoßen wir, wenn wir einen retrospektiven Blick auf

---

[1] Neue Zeit, XIX. Jahrgang, Heft 6.
[2] Neue Zeit, XIX. Jahrgang, Heft 8.

das Verhältnis des Sozialismus zur Agrarfrage werfen, auf ein Phänomen, das auf den ersten Blick diese Verwirrung zugunsten der Analogie zwischen diesen beiden Richtungen hervorzurufen in hohem Grade geeignet ist.

Wenn Marx, als Theoretiker, keine Übergangsmaßregeln, keine „kleinen Mittel" inbezug auf das Endziel des objektiven geschichtlichen Prozesses anerkannte, wenn er, was speziell das Bodeneigentum anbelangt, nur die Vergesellschaftung desselben im Rahmen der Vergesellschaftung sämtlicher Produktionsmittel zuließ, so tritt er uns in seinem ersten Aktionsprogramm im Kommunistischen Manifeste, veröffentlicht im Auftrage des Bundes der Kommunisten im Februar 1848, als praktischer, nüchterner Politiker entgegen, der zielbewußt eine Reihe von Übergangsmitteln anempfiehlt. Dieses Programm kulminiert in dem Satze: „Das Proletariat wird seine politische Herrschaft dazu benutzen, der Bourgeoisie nach und nach alles Kapital zu entreißen, alle Produktionsinstrumente in den Händen des Staates, d. h. des als herrschende Klasse organisierten Proletariats zu zentralisieren ... Es kann dies natürlich zunächst nur geschehen vermittelst despotischer Eingriffe in das Eigentumsrecht und in die bürgerlichen Produktionsverhältnisse, durch Maßregeln also, die ökonomisch unzureichend und unhaltbar erscheinen, die aber im Laufe der Bewegung über sich selbst hinaustreiben und als Mittel zur Umwälzung der ganzen Produktionsweise unvermeidlich sind. Diese Maßregeln werden natürlich je nach den verschiedenen Ländern verschieden sein. Für die fortgeschrittensten Länder werden jedoch die folgenden ziemlich allgemein in Anwendung kommen können 1. Expropriation des Grundeigentums und Verwendung der Grundrente zu Staatsausgaben .usw." Da die Verstaatlichung der Produktionsinstrumente nach und nach geschehen sollte, so wird mit dem wichtigsten Produktionsinstrument, dem Boden, begonnen. Diese Forderung steht jedoch in streng logischem Zusammenhange mit den Ergebnissen der Rententheorie, die Marx später im Kapital entwickelte.

Er unterscheidet im allgemeinen zwei Kategorien von Rente: 1. die absolute Rente, die dadurch entsteht, daß der

Boden der Kultur bis zur günstigeren Konjunktur vorenthalten wird und die als Basis das Privateigentum am Grund und Boden hat und 2. die Differentialrente, die aus dem kapitalistischen Charakter der Produktion entsteht und auch fortdauern würde, wenn der Grund und Boden verstaatlicht würde, der kapitalistische Betrieb dagegen erhalten bliebe. Die absolute oder die Monopolrente entspringt also dem Privateigentum am Boden und dem Gegensatz, in dem das Interesse des Grundeigentümers zu dem der Gesamtheit steht. Die Bodenverstaatlichung böte die Möglichkeit, sie abzuschaffen und um ihren Betrag die Preise der landwirtschaftlichen Produkte zu reduzieren. Die Differentialrente bildet kein Element der Preisbildung und -bestimmung der landwirtschaftlichen Produkte, wohl aber die absolute. Die erstere entspringt den Produktionspreisen, die zweite aus einem Wachsen der Marktpreise über die Produktionspreise hinaus. Die erste wird gebildet aus dem Überschuß, aus dem Extraprofit, den die größere Produktivität der Arbeit auf besserem Boden in besserer Lage erzielt. Die zweite entspringt dagegen nicht einem Mehrertrag gewisser Teile landwirtschaftlicher Arbeit, sie ist daher nur möglich durch einen Abzug an den vorhandenen Werten, den der Grundeigentümer an sich zieht, einen Abzug von der Masse des Mehrwerts, also eine Senkung des Profits oder einen Abzug vom Lohn. Entweder leidet darunter das Kapital = Erhöhung der Löhne, als Folge der Erhöhung der Lebensmittelpreise, oder die Arbeit = Erhöhung der Lebensmittelpreise ohne entsprechende Erhöhung der Löhne, oder beide, was in der Regel der Fall ist, teilen den Verlust, den sie durch die absolute Grundrente erleiden.

Was das Bodeneigentum als Produktionsfaktor anbelangt, so sieht Marx im Monopol des Grundeigentums historische Voraussetzung und dauernde Grundlage der kapitalistischen, wie aller vorhergehenden Ausbeutung. Auch auf dem Gebiete der Agrargeschichte anerkennt er die „historische, transitorische Notwendigkeit“ des Kapitalismus. „Es ist eins der großen Resultate der kapitalistischen Produktionsweise, daß sie einerseits die Agrikultur aus einem bloß empirischen und mechanisch sich forterbenden Verfahren des unentwickeltesten Teiles der Gesellschaft in bewußte wissenschaftliche Anwendung der Agronomie verwandelt, soweit dies überhaupt innerhalb der mit dem Privateigentum gegebenen Verhältnisse möglich ist." [1] Aber wenn auch der kapitalistischen Gesellschaft eine gewisse Tendenz zu agronomischen Fortschritten innewohnt, so wird derselben durch viele entgegengesetzte Interessen und Bestrebungen ein Hemmnis in den Weg gestellt. So kann bei permanentem Fortschritt der agrikolen Technik die Rente im allgemeinen steigen, aber zu Zeiten kann derselbe die Rente auch senken, beispielsweise, wenn er den Übergang zu schlechterem Boden verhindert — denn durch diesen Übergang wäre die Rente der älteren Boden gestiegen. Im Anschluß an Petty sagt Marx im „Elend der Philosophie": „Die englischen Grundbesitzer des 17. Jahrhunderts merkten das so gut, daß sie sich gegen den Fortschritt der Agrikultur sträubten aus Furcht, ihr Einkommen verringert zu sehen". Nicht nur den Eigentümer, sondern auch den Pächter des Bodens kann die kapitalistische Produktionsverfassung zum Gegner des technischen Progresses machen. Mit dem Unterschied allerdings, daß sich der Grundeigentümer stets gegen die allgemeine Ausbreitung einer neuen Technik, der Pächter sich unter Umständen gegen eine neue Melioration auf seiner eigenen Flur sträuben werde. Denn „bei dem neuen Pachtkontrakt, den er schließt, fügt der Grundeigentümer den Zins für das der Erde einverleibte Kapital der eigentlichen Grundrente hinzu".[2] „Es ist dies eins der größten Hindernisse einer rationellen Agrikultur." [3] Aus diesen Prämissen folgt logischerweise der Schluß, daß für das Grundeigentum nicht unbedingt die letzte Stunde erst dann schlagen muß, wenn die sozialistische Produktionsweise ihren Einzug feiert. Denn „es unterscheidet sich das Grundeigentum von den übrigen Arten des Eigentums dadurch, daß auf einer gewissen Ent-

[1] Kapital, Band III, S. 156.
[2] Kapital, Band III, S. 159.
[3] Kapital, Band III, S. 159.

wicklungshöhe, selbst vom Standpunkte der kapitalistischen Produktionsweise aus, es als überflüssig und schädlich erscheint.[1]

Auf der gleichen prinzipiellen Grundlage basieren auch die Resolutionen des III. und IV. Kongresses der internationalen Arbeiterassoziation in Brüssel und Basel (1868 und 1869) und die auf Antrag Bebels angenommene Resolution der sozialdemokratischen Arbeiterpartei in Stuttgart (1870). Die vom Belgier César de Paepe auf dem III. Kongreß eingebrachte Resolution besagte, unter unbedingter Ausdehnung der marxistischen Entwicklungsgesetze auch auf die Sphäre der Agrarverhältnisse und mit einer den Bodenreformern verwandten moralisch-juristischen Motivation folgendes: . . . „In Erwägung . . . ist der Kongreß der Meinung, daß die ökonomische Entwicklung der modernen Gesellschaft es zu einer gesellschaftlichen Notwendigkeit macht, Grund und Boden in gemeinschaftliches, gesellschaftliches Eigentum zu verwandeln und daß der Boden von Staats wegen an Ackerbaugesellschaften (Produktivgenossenschaften) zu verpachten ist."[2] Die Resolution auf dem IV. Kongreß lautete noch entschiedener: „Der Kongreß erklärt, daß die Gesellschaft das Recht besitzt, das Privateigentum am Grund und Boden abzuschaffen und in gemeinsames Eigentum umzuwandeln; er erklärt, daß diese Umwandlung eine Notwendigkeit ist." Auch ein unter den Auspizien von Marx erlassener Aufruf, der „die Forderungen der kommunistischen Partei in Deutschland" aufstellte, enthält analoge Postulate: „Die fürstlichen und anderen feudalen Landgüter, alle Bergwerke, Gruben usw. werden in Staatseigentum umgewandelt. . . Die Hypotheken auf den Bauern-

---

[1] Kapital, Band III, S. 162.

[2] Schon ein Jahr früher, in Lausanne, verlangte der gleiche de Paepe die Vergesellschaftung des Grund und Bodens. Englische und deutsche Delegierte unterstützten ihn, aber die französischen Proudhonisten verteidigten mit Feuereifer das persönliche Eigentum, als „Bedingung absoluter persönlicher Freiheit". Bei der Basler Resolution gehörten die 17 resp. 18 Opponenten ausnahmslos der französischen Delegation an, wodurch das über die französische Agrarverfassung Ausgeführte bestätigt wird.

gütern werden für Staatseigentum erklärt, die Interessen für jene Hypotheken werden von den Bauern an den Staat gezahlt.[1] In den Gegenden, wo das Pachtwesen entwickelt ist, wird die Grundrente oder der Pachtschilling als Steuer an den Staat bezahlt." [2] Wenn wir uns diese Forderungen näher ansehen, so treten uns drei klare und unzweideutige Differenzpunkte zwischen diesen und denjenigen der Bodenreformer hervor. 1. Bei dem kommunistischen Manifest und bei dem Aufruf der kommunistischen Partei in Deutschland war der Staat nicht als die heutige monarchisch-konstitutionelle Regierungsform, sondern als demokratische Republik vorausgesetzt. Als Primäres galt als selbstverständlich die Eroberung der politischen Macht durch das Proletariat. Die Verwirklichung aller Einzelforderungen dieser Programme war nur für die Epoche der proletarischen Diktatur geplant. Bis dahin hatte das Proletariat überhaupt keine ökonomische, sondern nur demokratische Politik zu treiben. Erst in dem Momente, wo der Staat nichts anderes ist als „das als herrschende Klasse organisierte Proletariat", können diese Maßregeln ins Leben gerufen werden. 2. In allen diesen Fällen sollte an Stelle des expropriierten Privateigentums ein Kollektiveigentum mit landwirtschaftlichen Produktivgenossenschaften (Ackerbaugenossenschaften) eintreten. Wenn alle Bodenreformer, Samter ausgenommen, die Verpachtung des verstaatlichten Bodens auf dem Wege der öffentlichen Lizitation postulieren, so sprechen sie damit ein contradictio in adjecto aus, denn wie soll dem besitzlosen Proletarier, der doch eigentlich das Objekt der Reformbestrebungen bildet, eine Reform frommen, die nach wie vor einzig dem Kapitalkräftigen die konkrete Möglichkeit gewährt, als aktiver Faktor aufzutreten? Die Beibehaltung des Prinzips der freien Konkurrenz auch auf diesem Gebiete, wo die Ausartungstendenzen, die Auswüchse des Individualismus und des ökonomischen Liberalismus zugunsten des sozialen

[1] Eine Forderung, die auf dem Breslauer Parteitage 1895 als reaktionär bekämpft, als „staatliche Organisation der Ausbeutung des Bauerntums durch das Geldkapital" bezeichnet wurde.

[2] Neue Zeit 1894/95, II.

Momentes gehemmt werden sollen, kann den Sozialisten, die das Prinzip der freien Konkurrenz aus der Sphäre der wirtschaftlichen Phänomene überhaupt verbannen wollen, nur als klaffender Widerspruch erscheinen. Das Problem wird dementsprechend so gestellt werden müssen: Nationalisierung oder Sozialisierung, bürgerliche oder proletarische Verstaatlichung?[1] Und 3. und das ist der Kernpunkt, wird die Bodenverstaatlichung nicht als „eine in sich abgeschlossene Reform, eine eigene und eigenartige für sich, ein medium proprium"[2] betrachtet, sondern nur als eine auf den Resultaten der Untersuchung über die spezifischen Qualitäten des Bodeneigentums basierende Übergangsmaßregel, die in keinem Falle die Befähigung hat, die Übel des kapitalistischen Produktionssystems abzuschaffen und vollkommene Zustände herbeizuführen, vielmehr zu jener Kategorie von Maßregeln gehört, „die in sich selbst widerspruchsvoll sind und sein müssen" (Marx in seinem Briefe vom 20. Juni 1881, mitgeteilt in dem Artikel „Die Arbeiterbewegung in den Vereinigten Staaten 1877—85" von F. A. Sorge in der „Neuen Zeit" von 1892), „die ökonomisch unzureichend und unhaltbar sind, die aber im Laufe der Bewegung über sich selbst hinaus treiben und als Mittel zur Umwälzung der ganzen Produktionsweise unvermeidlich sind." Also nicht Selbstzweck, sondern nur Mittel zum Zweck. Das ist der springende Punkt.

Die Literatur hat diese Gegensätze getreulich wiedergespiegelt. Eine kleine Vorbemerkung: ich werde hier nur die deutschen Repräsentanten der in Frage kommenden Bestrebungen im Auge haben, denn George verstößt mit seiner Theorie von der Interessenidentität der Arbeit und des Kapitals, die nach Conrad Schmidt[3] „absolut widersinnig ist und an die ödesten manchesterlichen Harmonielehren er-

---

[1] Die Diskussion von 1900 in dem XIX. Jahrg. der Neuen Zeit, Heft 6, 8, 10, hat diese theoretisch ungemein fruchtbare Untersuchung der zweifachen Verstaatlichung klargestellt.

[2] „Lösung der sozialen Frage durch die Bodenbesitzreform" von Harmening.

[3] „Soziale Frage und Bodenverstaatlichung", 1890.

innert", nicht nur gegen das grundlegende Lebensprinzip des Sozialismus, sondern auch gegen jede Vernunft und objektive Forschung. Ich werde auch die deutsche Literatur fast ausschließlich berücksichtigen, weil gerade in Deutschland die weit angelegte Agitation der radikalen Bodenreformer auf ein stramm organisiertes, zielbewußtes, lebensfähiges Proletariat stieß, und auch die Reaktion des letzteren auf die Bestrebungen der Bodenverstaatlicher ist charakteristisch und typisch für das Verhältnis des Sozialismus resp. der Sozialdemokratie zu dieser Lehre.

Ehe wir uns speziell mit der Polemik der beiden Doktrinen befassen, wollen wir uns dem Jungbrunnen der wissenschaftlichen Argumentation der Sozialdemokratie, den Schriften Marx' zuwenden. Eine direkte ausführliche Kritik dieser Bestrebungen hat Marx nicht gegeben — seine diesbezügliche Stellungnahme kann aus seiner festgefügten Gesamtauffassung der sozialökonomischen Phänomene abgeleitet werden. Es finden sich jedoch auch konkrete Hinweise vor, und vor allem in seiner Kritik der Bestrebungen Hermann Krieges, seines ehemaligen Mitarbeiters, der 1845 nach Amerika ging und dort die Zeitschrift „Volkstribun" zwecks Propaganda des Kommunismus gründete. Allein er tat das in höchst origineller Weise, die Marx durchaus nicht genehm war, und er erhob auch im Namen der deutschen Kommunisten Einsprache gegen das Kompromittieren der kommunistischen Partei durch Kriege. Der letztere agitierte nämlich, indem er in höchst sentimentaler Weise an das Gefühl seiner Mitmenschen appellierte, für die Verteilung des noch unangebauten Bodens an freie Arbeiter, und zwar in einer ihrer Arbeitskraft entsprechenden Quantität[1]. Er operiert hierbei mit fast den gleichen Argumenten wie die Bodenreformer. (Und insofern könnte man ihn vielleicht als einen Vorläufer Georges auffassen.) „Wir wollen keines Menschen Privateigentum antasten; was

[1] „Wir wollen . . . das Land . . . der ganzen Menschheit als unveräußerliches Gemeingut erhalten . . . Der Boden ist das gemeinschaftliche Erbteil aller Menschen."

der Wucherer einmal hat, das mag er behalten; wir wollen nur dem ferneren Raub an des Volkes Gut zuvorkommen und das Kapital hindern, noch länger der Armut ihr rechtmäßiges Eigentum vorzuenthalten." (Volkstribun). Dieser Zweck soll erreicht werden wie folgt: „Jeder Arme wird auf der Stelle in ein nützliches Glied der Gesellschaft verwandelt, sobald man ihm die Gelegenheit gibt, produzierend tätig zu sein. Diese ist ihm aber für immer gesichert, sobald ihm die Gesellschaft ein Stück Land gibt, darauf er sich und seine Familie ernähren kann... Wird diese ungeheure Bodenfläche (die 1400 Millionen Acres nordamerikanischer Staatsländereien) dem Handel entzogen und in begrenzten Quantitäten der Arbeit zugesichert, so ist mit einem Schlage der Armut in Amerika ein Ende gemacht; denn jedermann erhält Gelegenheit, sich mit Hilfe seiner Hände eine unantastbare Heimat zu gründen." In seiner Kritik der Bestrebungen Krieges[1] bemerkt Marx: „Hätte Kriege die Bodenbefreiungsbewegung als eine unter bestimmten Verhältnissen notwendige erste Form der proletarischen Bewegung, als eine Bewegung gefaßt, die durch die Lebensstellung der Klasse, von der sie ausgeht, notwendig zu einer kommunistischen sich fortentwickeln muß, hätte er gezeigt, wie die kommunistischen Tendenzen in Amerika ursprünglich in dieser scheinbar allem Kommunismus widerstrebenden agrarischen Form auftreten mußten: so wäre nichts dagegen zu sagen gewesen. So aber erklärt er eine allerdings noch untergeordnete Bewegungsform bestimmter wirklicher Menschen für eine Sache der Menschheit, stellt sie als letztes, höchstes Ziel aller Bewegung überhaupt hin und verwandelt dadurch die bestimmten Zwecke der Bewegung in baren, überschwänglichen Unsinn... Wir erkennen die Bewegung der amerikanischen Nationalreformer in ihrer historischen Berechtigung vollständig an. Wir wissen, daß diese Bewegung ein Resultat erstrebt, das zwar für den Augenblick den

[1] 1846 im „Westfälischen Dampfboot" erschienen und im zweiten Bande „Aus dem literarischen Nachlaß von K. Marx, F. Engels und F. Lassalle", herausgegeben von F. Mehring, zum Wiederabdruck gelangt.

Industrialismus der modernen bürgerlichen Gesellschaft befördern würde, das aber als Resultat einer proletarischen Bewegung, als Angriff auf das Grundeigentum überhaupt . . . durch seine eigenen Konsequenzen zum Kommunismus forttreiben muß. . . Die phantastische Gefühlsschwärmerei, die Kriege unter dem Namen „Kommunismus“ in Amerika predigt, müsse in höchstem Grade demoralisierend auf die Arbeiter wirken, falls sie von ihnen adoptiert würde.“

Über die analogen Bestrebungen einiger Repräsentanten der englischen und französischen ökonomischen Schule äußert sich Marx in seiner gegen Proudhon gerichteten Schrift, im „Elend der Philosophie“ von 1847 folgendermaßen: „Wir begreifen, daß Ökonomen, wie Mill, Cherbuillez, Hilditch und andere die Forderung gestellt haben, daß die Rente dem Staate überwiesen werde, behufs Aufhebung der Steuern. Es ist dies der unverhüllte Ausdruck des Hasses, den der industrielle Kapitalist gegen den Grundbesitzer hegt, der ihm ein nutzloses, überflüssiges Ding im Getriebe der bürgerlichen Produktion ist.“

Und die bodenreformerischen Bestrebungen in ihrer speziellen Form, von Colins, Samter, George usw. repräsentiert, kritisiert Marx in ziemlich oberflächlicher Weise in seinem schon erwähnten Briefe an einen seiner Freunde in Amerika, datiert vom 20. Juni 1881[1]. Nachdem Marx in ziemlich schroffer Form Colins und Samter in ihrer wissenschaftlichen Tätigkeit charakterisiert, meint er: „Alle diese „Sozialisten“ haben das gemein, daß sie die Lohnarbeit, also auch die kapitalistische Produktion bestehen lassen, indem sie sich oder der Welt vorgaukeln wollen, daß durch Verwandlung der Grundrente in Steuer an den Staat alle Mißstände der kapitalistischen Produktion von selbst verschwinden müssen. Es ist das Ganze also nur ein sozialistisch verbrämter Versuch,

---

[1] F. A. Sorge, der diesen Brief in der „Neuen Zeit“ von 1892 veröffentlicht, bemerkt allerdings, daß die Auslassungen in demselben rein privater Natur und ohne Beziehungen zu der Kritik des Werkes von George sind.

die Kapitalistenherrschaft zu retten und in der Tat auf noch weiterer Basis als der jetzigen neu zu begründen. Dieser Pferdefuß, der zugleich ein Eselsfuß ist, guckt auch unverkennbar aus den Deklamationen von H. George hervor. Er treibt sich in Spekulationen über die verselbständigten Stücke des Mehrwertes herum . . . Sein Buch, wie auch die Sensation, die es bei Euch gemacht, hat die Bedeutung, daß es ein erster, wenn auch fehlgeschlagener Versuch ist, sich von der orthodoxen politischen Ökonomie zu befreien." [1]

Solange die Bodenreformer theoretisierten, schwiegen die Sozialdemokraten. Als aber Flürscheim eine energische Agitation zu entfalten begann, gewann diese Frage ein mehr als akademisches Interesse und im Lager der Sozialdemokratie wurde man rege. Zunächst trat Hermann Bahr in den „Deutschen Worten" mit einem Artikel auf, in dem die Bestrebungen der Landliga vom proletarisch sozialistischen Standpunkte aus beleuchtet wurden. Die Bodenreformbewegung liege gänzlich abseits vom Wege der Arbeiterpartei, sie charakterisiere sich, als „Versuch einer einseitigen Ausbeutung der sozialen Ideen zugunsten des beweglichen Kapitals." Fast gleichzeitig erschien in der Neuen Zeit ein kurzer Artikel von Bebel [2], in welchem es sich aber weniger um prinzipielle Stellungnahme der Sozialdemokratie zu den Bestrebungen der Landliga als um die Charakterisierung der von der Bewegung in der sozialpolitischen Parteigruppierung eingenommenen Stellung und um die Zukunft derselben handelt. Es wird darin allerdings darauf hingewiesen, daß, wer den Zustand der heutigen Gesellschaft damit glaubt erklären zu können, daß jedes sittliche Unrecht darin in einem Gerechtigkeits-, jedes wirtschaftliche in einem Rechenfehler zu suchen sei, dem seien die treibenden Kräfte und die Gesetze, die die Gesellschaft zu dem werden ließen, was sie ist, gänzlich unbe-

---

[1] Die weiteren Bemerkungen, die Marx über die Persönlichkeit Georges macht, haben wenig mit einer wissenschaftlichen Kritik des dogmatischen Teiles dieser Doktrin zu tun.

[2] „Das Maschinenalter", Besprechung einer anonymen Utopie von A. B. Neue Zeit 1889.

kannt. Auf den Grundmauern einer alten Gesellschaft ließe sich keine neue errichten.

Gegen diese zielbewußten Angriffe verteidigte sich Flürscheim, sowohl in seiner Monatsschrift, als auch in dem in der Neuen Zeit veröffentlichten Artikel[1] mit aller Energie und Beredsamkeit und forderte wiederholt die Sozialdemokratie auf, mit vereinten Kräften auf die Fronfeste des Kapitalismus loszustürmen. Unter Hinweis darauf, daß die von ihm vertretenen Bestrebungen prinzipiell mit ihren Anschauungen nicht kollidiere, ein Zusammengehen vielmehr als eine logische Notwendigkeit erscheine. Denn da die Verstaatlichung des Grund und Bodens die Beseitigung der Exploitation der Arbeitskraft und der Überproduktion nach sich ziehe, so wäre die soziale Frage ohne Umwälzung des bestehenden Wirtschaftssystems gelöst; und die Verstaatlichung aller Produktionsmittel würde alsdann als überflüssig erscheinen. Allerdings müsse als Vorbedingung des Zusammengehens vor allem der Kampf aufhören, ein Klassenkampf zu sein. Denn „es handelt sich nicht um den Kampf der Arbeit gegen das Kapital, sondern um den Kampf der Arbeit gegen die Rente. Bei diesem Kampfe steht neben dem Manne mit der schwieligen Faust jeder, der Güter schafft, auch durch geistige Arbeit." (Helldorf).

Auf diese Weise direkt zur Stellungnahme provoziert, antwortete Kautsky kurz darauf mit einem gleichnamigen Artikel.[2] Ihm schloß sich auch Conrad Schmidt mit einer Schrift „Soziale Frage und Bodenverstaatlichung" an und übte, wie auch der erstere, eine scharfe Kritik an den Flürscheimschen Prämissen und Prinzipien, wobei auch die prinzipiellen Divergenzen zwischen den Dogmen dieser beiden Richtungen plastisch zutage treten.

Wenn Flürscheim sich auch über die Wesensgleichheit

---

[1] „Die Bodenbesitzreform und der Sozialismus". Neue Zeit, VIII. Jahrg., Heft VII.

[2] „Bodenbesitzreform und Sozialismus" von Kautsky. Neue Zeit, VIII. Jahrg., Heft IX.

von Zins und Grundrente, als arbeitsloser, auf Ausbeutung beruhender Einkommen vollständig klar sei und dadurch über die Utopistereien Georges hinaus einen bedeutenden Schritt getan habe, so setze er schließlich nur an Stelle einer Illusion eine andere. Die Auffassung des Zinses des Leihkapitals, als Produktes des privaten Grundrentenbezuges, beruhe auf vollständiger Verkennung des ökonomischen Mechanismus. Denn das Wertgesetz, wonach der Preis der Arbeitskraft und der Produktionsmittel durch das in ihnen enthaltene Quantum der gesellschaftlich notwendigen Arbeitszeit bestimmt wird, existiere gänzlich unabhängig von der Rente. Unter der Herrschaft dieses Wertgesetzes müsse aber vom Kapitalisten Mehrwert angeeignet werden, denn er vergütet dem Arbeiter nur die Wertsumme, welche zur stetigen Erhaltung seiner Arbeitskraft notwendig ist, während er ihn durch Ausdehnung der Arbeitszeit ein größeres Wertquantum zu produzieren zwinge. Solange sich aber durch industrielle Kapitalanlage arbeitsloses Einkommen gewinnen ließe, so lange wird der Zins, als ökonomische Kategorie, existieren. Bei der Unabhängigkeit des Wertgesetzes von der Grundrente sei es klar, daß die Ausbeutungsformen Profit und Zins, als unmittelbare Konsequenzen des Wertgesetzes, gleichfalls unabhängig von der Grundrente bestehen und unverändert blieben, auch wenn diese staatlich konfisziert werde.

Was nun die andere Zinstheorie Flürscheims anbelangt, die auf dem Dogma des Angebots und der Nachfrage basiert ist und durch die eine kolossale Krediterleichterung und mit Kredit ausgestatteten selbständigen Arbeiterassoziationen ermöglicht werden sollten, wodurch der Arbeitslohn auf das Niveau des Arbeitsprodukts steigen müßte, so wird von sozialistischer Seite darauf hingewiesen, daß ebenso wie das produktive Kapital, der Nachfrage folgend, sich über alle Produktionszweige gleichmäßig verbreitet, ebenso verteile sich auch das nationale Gesamtkapital, der Nachfrage folgend, gleichmäßig auf Produktion, Handel und Kreditgeschäft. Das Gesetz der freien Konkurrenz bewirke einen Ausgleich der Rentabilität in allen Branchen. Konzentriere sich eine große

Menge Geld in den Händen der expropriierten Grundherren, so könne vorübergehend allerdings der Zinssatz gedrückt werden, falls eine unnormal große, der Nachfrage nicht Rechnung tragende Summe als Leihkapital auf den Markt geworfen werde. Den Vorteil davon hätten die industriellen Kapitalisten und Bodenpächter, aber auch nur für eine kurze Dauer: sobald sich herausstellen werde, daß der durchschnittliche Profit des produktiven Kapitals den Zins des Leihkapitals bedeutend übersteigt, würde das Kapital aus dem Kreditgeschäft herausgezogen und der Industrie zugewendet. In Kürze werde sich ein Ausgleich vollzogen haben, so daß der Durchschnittsprofit des produktiven und des Leihkapitals nicht länger beträchtlich differieren würde. Das Phantom der Krediterleichterung und der freien Arbeiterassoziationen verwirkliche sich in keinem Falle.

Was nun die Erklärung der Überproduktion und der Krisen durch Anlagen im imaginären, aus kapitalisierten Tributrechten bestehenden Werte anbelange, so werde diese Theorie über den Haufen geworfen durch die einfache Erwägung, daß das Geld dadurch, daß es in falschem Kapital angelegt werde, vom Standpunkte des Gesamtprozesses nicht verschwinde, sondern nur seine Stelle wechsele. Das akkumulierte Kapital nehme schließlich immer die Form von Arbeitsprodukten an, die dem persönlichen oder produktiven Konsum dienten. Die Verwandlung eines Teiles desselben in falsches Kapital bewirke bloß, daß nicht A diese Produkte kaufe, sondern B und C — es würden aber deshalb nicht weniger Arbeitsprodukte konsumiert. Die Überproduktion werde dadurch in keiner Weise erklärt.

Von Flürscheim werde ferner als souveränes Mittel zur Heilung der Überproduktion ohne Veränderung des Charakters der jetzigen Produktionsweise nicht etwa die Erweiterung des Marktes, sondern die Vermehrung der Produktion proklamiert. Wohl bedinge eine jede Vermehrung der Produktion auch eine gewisse Vermehrung des Konsums, erwidert darauf mit Recht Kautsky, aber jede Produktion sei unter normalen

Verhältnissen bei der kapitalistischen Produktionsweise Produktion von Mehrprodukt. Es sei allerdings richtig, daß eine der Lebensbedingungen dieser Produktionsweise eine stete Erweiterung der Produktion sei, aber diese habe eine entsprechende Erweiterung des Konsums zur Voraussetzung, rufe sie nicht hervor. Die Vermehrung des Konsums, die aus der Vermehrung der Produktion hervorgehe, müsse stets hinter dieser zurückbleiben. Vermehrung der Produktion heiße stets Vermehrung von Mehrprodukt, also wenn die Marktverhältnisse sich nicht unter anderen Einflüssen änderten, Vermehrung, nicht Verminderung der Überproduktion. Wenn das Privateigentum am Grund und Boden wirklich zur Brachlegung vieler Kapitalien führte, wenn dessen Aufhebung tatsächlich die Akkumulierung des „wirklichen" d. h. des industriellen Kapitals beschleunigen würde, so wäre die Folge davon nur eine Beschleunigung der Krisen; die Produktion würde sich noch rascher ausdehnen, die Erweiterung der Märkte könnte noch weniger gleichen Schritt mit ihr halten, die Überproduktion müßte sich in noch kürzeren Zwischenräumen fühlbar machen.

Was nun speziell die einschneidenden Änderungen zugunsten der Arbeiterklasse anbetrifft, so werden dagegen folgende Erwägungen in Betracht gezogen: Zieht der Staat das Land ein und verpachtet er es unter dem Prinzip der Ausbeutung des Bodens durch kapitalistische Unternehmer, ob einzelne, ob Genossenschaft, so kommt man zu einer landwirtschaftlichen Produktionsweise, ähnlich wie sie in England existiert, mit dem einzigen, wesentlichen Unterschiede, daß der Pachtzins nicht dem Landlord, sondern dem Staate gezahlt wird. Aber die Staatseinnahmen werden sich nicht um die ganze Grundrente vermehren, denn da die kapitalistische Gesellschaft fortbesteht, sollen und müssen die Grundeigentümer, deren Grundsätzen gemäß, voll entschädigt werden. In welcher Form dies auch geschehen sollte, so würde es stets darauf hinauslaufen, daß der Staat die Grundrente zwar einnimmt, nicht aber behält, sondern zur Entschädigung der früheren Grundbesitzer verwendet. Der Unterschied gegen früher bestände nur darin, daß diesen der Bezug der Grundrente jetzt staatlich garantiert und jede Sorge, jedes Risiko genommen wird. Wenn mit der Zeit die Rente steigen, und ein Teil des jährlich produzierten Mehrwerts in den Staatssäckel fließen, also dem Staate zu gute kommen würde, so hieße dies heutzutage, dem Militarismus eine mächtigere Stütze verleihen. Aber selbst wenn die neue Einnahmequelle dazu verwendet würde, die bestehenden Steuern zu verringern, so würde das für die arbeitenden Klassen nicht allzuviel bedeuten, wenn das Lohnsystem bestehen bliebe.

Das logische konkrete Ergebnis wäre eine Verminderung der Produktionskosten der Industrie, d. h. wenn die Bodenreform in einem Lande allein durchgeführt würde, eine Erhöhung der industriellen Profite daselbst. Wenn die Reform allgemein zur Durchführung käme, entfiele auch dieser Vorteil; die Warenpreise würden der Verringerung der Produktionskosten entsprechend fallen. Damit würde aber auch der Wert der Arbeitskraft gesenkt. Sollte es den Arbeitern gelingen, eine diesem Sinken entsprechende Verringerung des Lohnes hintanzuhalten und so ihre Lage als Konsumenten etwas zu bessern, so geschähe dies durch den Einfluß von Umständen, die mit der Bodenreform gar nichts zu tun haben, durch die Vermehrung der Kraft ihrer Organisation usw. Werde durch die Beseitigung des Privateigentums am Grund und Boden bei gleichzeitigem Fortbestehen der kapitalistischen Produktionsweise auch die Lage der Arbeiter als Konsumenten in mancher Beziehung berührt, in erster Linie sei es doch ihre Lage als Produzenten, die ihre Gesamtlage, ihre Stellung in der Gesellschaft bestimme. Es wäre eine unproduktive und sinnlose Vergeudung von Kraft, wenn das Proletariat um einer bloßen Verminderung der Produktionskosten willen einen Kampf begänne, der fast den gleichen Aufwand von Kraft erfordern würde, als der Kampf um die Beseitigung der Grundlagen der ganzen kapitalistischen Ausbeutung — man schießt nicht mit Kanonen nach Spatzen.

Was nun speziell das Moment anbelangt, daß zwecks des

Zusammengehens der Kampf der Sozialdemokratie aufhören müßte, ein Klassenkampf zu sein[1], so weist Kautsky mit Nachdruck und Recht darauf hin, daß der Klassenkampf zwischen dem Proletariat und der Kapitalistenklasse nicht etwas sei, was man willkürlich einführen oder abschaffen könne — er sei vielmehr das naturnotwendige Ergebnis des Gegensatzes der Interessen des Proletariats und der Kapitalistenklasse, ein Gegensatz, der so alt sei, wie die kapitalistische Produktionsweise, der von ihr erzeugt und mit ihr verschwinden werde. Das industrielle Proletariat und die industriellen Kapitalisten können in einer Bewegung, die sich gegen die „gemeinsamen" Gegner, den Grundbesitz, den Zwischenhandel, das Zinskapital und dergleichen richtet, nicht aufgehen. Der soziale Gegensatz, den die industriellen Lohnarbeiter vor allen anderen empfinden, ist der zwischen ihnen und der Unternehmerklasse — denn diese ist es, die ihnen den Mehrwert abnimmt, den sie produziert haben. Die industriellen Kapitalisten sind dem Proletariat gegenüber die Exekutoren nicht nur für eigne Forderungen, sondern auch für die des Grundbesitzers, des Wuchers und des Handels. Die Rente, Zins und Zwischenhandelsgewinn sind nur Absplitterungen des Mehrwerts. Zwischen den einzelnen Gruppen der Mehrwertsaneigner, die gegenüber dem Proletariat ein geschlossenes Klasseninteresse haben, den Mehrwert, auf dem ihre Existenz basiert, so hoch wie möglich zu erhalten und insofern eine einzige „reaktionäre" Masse" bilden, die die Emanzipation der Arbeiterklasse mit allen Mitteln zu verhindern strebt, existiert auch ein Klassengegensatz. Mit dem Interesse an der absoluten Höhe des Mehrwerts läuft bei jeder Gruppe das Interesse parallel ein möglichst großes Stück des Mehrwerts selbst anzueignen — darum „vielfach Streit und Zwiespalt im häuslichen Lager."

Kautsky lehnt entschieden jedes Zusammengehen der

---

[1] Dieses Appellieren an das „ganze Volk" ist nicht etwa auf persönliche Neigungen Flürscheims zurückzuführen, sondern bildet eine deutlich zutage tretende Tendenz der ganzen Bewegung.

Sozialdemokratie mit den Bodenreformern, sowohl aus Gründen der Organisation und der Taktik, als auch aus prinzipiellen Rücksichten ab. Damit will er nicht sagen, daß das Proletariat der Bewegung nach einer Bodenreform feindselig gegenüberstehen müsse — die Verstaatlichung des Grund und Bodens gehöre vielmehr zu den wenigen Reformen, die innerhalb des Rahmens der modernen Produktionsweise dem Proletariat eine Erleichterung schaffen und kein Hindernis seines Emanzipationskampfes bilden. Sie könne nie das letzte Ziel der Arbeiter sein, könne aber der sozialistischen Bewegung als Mittel, um weiteres zu erreichen, als Hebel dienen. Allerdings unter Voraussetzung der Konzentrierung der politischen Macht in den Händen des Proletariats.[1]

Dieser schroffen vernichtenden Kritik der Flürscheimschen Grundsätze muß noch die Kritik des dogmatischen Teiles der Bodenreform zur Klarstellung der Stellungnahme der Sozialdemokratie resp. des Sozialismus zu dieser Lehre hinzugefügt werden. Im ganzen geht sie von drei Prämissen aus: geschichtliche, ethische und ökonomische. Was nun die erste anbelangt, so sieht der Marxismus im Entstehen des Grundeigentums keine willkürliche Institution, sondern wie in jeder Produktionsepoche eine historische Notwendigkeit. Marx spricht, wie schon oben dargelegt, im zweiten Teile des dritten Bandes des „Kapital" von den unleugbaren Vorteilen,

---

[1] In der neueren Zeit hat das Organ der gemäßigten Sozialisten die „Sozialistischen Monatshefte", einen Artikel veröffentlicht („Bodenreform und Sozialismus" von Sadi Gunten. Februarheft 1902), in dem unter Hinweis auf die grundverschiedenen Funktionen des Industrie- und Bodenkapitals im Produktions- und Zirkulationsprozeß das Zusammengehen der Sozialdemokratie mit den Bodenreformern postuliert wird. Der Verfasser dieses Artikels, der schon in der Deutschen Volksstimme von 1899 in den Artikeln „Wo müssen wir angreifen?" und „Marxismus und Bodenreform" den gleichen Standpunkt vertrat, ist der Meinung, daß die deutsche Bodenreformbewegung in ihrer gegenwärtigen Gestaltung sich die absolute Abschaffung des privaten Grundrentenbezuges als letztes Ziel gesetzt hat — wir haben gesehen, daß dies nicht zutrifft.

die das private Grundeigentum mit sich brachte. Was nun speziell die ethischen Momente anbelangt, die auf naturrechtlicher Basis beruhen, so befaßt sich der Sozialismus als solcher nicht mit ethischen Prinzipien, denen er eine untergeordnete Rolle zuweist und die ihm nur als Produkt des ökonomischen Unterbaues gelten. Es bleibt somit nur das ökonomische Moment übrig. In diesem Punkte gilt den Bodenreformern die prinzipielle Unterscheidung zwischen dem Grund und Boden und anderen Eigentumskategorien als das Rückgrat ihrer theoretischen Voraussetzungen. Und begründet wird sie im großen ganzen durch drei Momente: 1. sei der Grund und Boden nicht das Produkt der Arbeit, 2. unterscheide sich dieses Produktionsmittel von den anderen durch das Überwiegen des Naturfaktors und 3. durch die relative Unfähigkeit, sich zu vermehren.

Die Sonderstellung des Grund und Bodens als Produktionsfaktor wird vom Sozialismus aufs entschiedenste verneint. In jedem Boden, der als Produktionsmittel dient — und nur um solchen könne es sich hier handeln und nicht etwa um Gletscher auf dem Himalaja oder unzugängliche Wälder im Innern Brasiliens — in jedem Boden stecke Arbeit, auch im Waldboden und wenn es nur die Arbeit wäre, ihn zugänglich zu machen. Meist stecke aber viel mehr Arbeit darin. Freilich nicht immer die Arbeit des Grundbesitzers. Aber wer möchte denn behaupten, daß die Kapitalien von denen produziert seien, die sie besitzen? Was nun das Dominieren des Naturfaktors anbetrifft, so wäre die Natur nicht nur bei der Bildung des Bodens tätig, sondern auch bei der Bildung der verschiedenen Produkte, in denen das Kapital verkörpert ist. Das Moment der relativen Unvermehrbarkeit sei auch kein Argument für die prinzipielle Sonderstellung des Grund und Bodens. Einerseits haben die Technik und Statik zur Genüge bewiesen, daß die Produktivität auf einer gegebenen Fläche bei weitem noch den Kulminationspunkt nicht erreicht hat, anderseits können auch andere Produkte der Arbeit sich nicht in infinitum vermehren, weil sie auch ihre physische

Grenze haben.[1] Die Grundursache der Übel der modernen Produktionsweise im Privateigentum am Grund und Boden zu sehen, und mit dem Dahinfallen desselben das Verschwinden alles Unheils und die Einstellung ökonomisch gerechter Verteilungsverhältnisse zu erwarten — dies zeuge von dem Übersehen eines Faktors im modernen Produktionsleben. Es sei richtig, daß der Grund und Boden das wichtigste Produktionsmittel sei, die Grundlage aller Produktion. Die Proletarisierung der Volksmasse wurde eingeleitet durch ihre Trennung vom Grund und Boden, dadurch, daß Grundherren und Fürsten namentlich im Zeitalter der Reformation die Ländereien, die bis dahin von Bauerngemeinden besessen und bebaut worden waren, an sich rissen und die Bauern von Haus und Hof jagten. Erst dadurch, daß ein so großer Bruchteil der Bevölkerung seines wichtigsten Produktionsmittels beraubt wurde, erstand jenes Proletariat, dessen das auftretende industrielle Kapital bedurfte. Aber die Umkehrung dieses Prozesses, der Übergang des Bodens in den Besitz des Gemeinwesens, müsse nicht notwendigerweise das Proletariat wieder beseitigen. Bis zum Beginn der kapitalistischen Produktionsweise wäre der Boden so ziemlich das einzige gesellschaftliche Produktionsmittel gewesen; das einzige, das, sobald es in den Besitz einzelner geriet, denselben die Herrschaft über diejenigen verlieh, die es im Verein benutzten. Seitdem sei die erdrückende Mehrheit aller anderen Produktionsmittel zu gesellschaftlichen geworden und zu ebenso unentbehrlichen wie der Grund und Boden. Wie wenig dessen bloßer Besitz heute

[1] In seinem Werke „Das Recht auf den vollen Arbeitsertrag in geschichtlicher Darstellung" (3. Auflage 1904) bringt A. Menger die gleichen Ansichten zum Ausdruck: „Die Voraussetzung, auf welche die englischen Sozialisten jenen Dualismus begründen, daß Grund und Boden eine freie Gabe der Natur, das Kapital dagegen ein Produkt menschlicher Arbeit ist, vermag ich nicht als richtig anzuerkennen. . . In keinem Falle sind jene Gegensätze bedeutend genug, um für den Boden und das Kapital gänzlich verschiedene Rechtsordnungen auszubilden."

bedeutet, zeige uns ein Blick auf die heutigen bäuerlichen Verhältnisse — der Grundbesitz bedürfe Kapital, solle er gedeihen können. Nicht nur das Privateigentum am Grund und Boden, sondern auch das Privateigentum an den anderen gesellschaftlichen Produktionsmitteln bedeute heute die Trennung der Arbeiter von den Mitteln der Arbeit; die Nationalisierung des Bodens allein beseitige noch nicht diese Trennung, die Grundlage der Ausbeutung in der kapitalistischen Gesellschaft. Es wird im Anschluß daran nicht ohne Interesse sein, die von George an den Grundsätzen des Sozialismus ausgeübte Kritik vorzuführen. In seinem Artikel „Wahrheiten und Irrtümer des Sozialismus“ in der deutschen Volksstimme von 1897 meint er: „Der deutsche Sozialismus der Marxschen Schule erscheint mir als hochzielende, aber unzusammenhängende Mischung von Wahrheit und Täuschung, deren Fehler im Mangel an Radikalismus liegt, d. h. darin, daß er nicht bis zur Wurzel geht.“ Der Mensch sei ursprünglich ein Individuum, ein Einzelwesen, von seinen Genossen verschieden an Wünschen und Fähigkeiten, für deren Befriedigung und Ausübung er individuellen Spielraum und Freiheit verlangt. Aber er ist auch ein gesellschaftliches Wesen, welches Bedürfnisse hat, die mit denen seiner Genossen übereinstimmen und Fähigkeiten, die nur durch gemeinsames Handeln zur Geltung kommen. Es gebe also ein Gebiet für individuelles und eins für soziales Handeln. Während also der Sozialismus eine Wahrheit enthält, die von den Individualisten übersehen wird, gebe es eine sozialistische Schule, die in gleicher Weise die Wahrheiten des Individualismus ignoriert und deren Vorschläge zur Verbesserung der gesellschaftlichen Zustände zu der Klasse derjenigen gehören, welche als über das Ziel hinausschießend bezeichnet werden müssen. Alle Pläne zur Gleichstellung der Menschen durch eine Übertragung der Güterverteilung an die Regierung haben den fatalen Fehler, daß sie am unrichtigen Ende anfangen. Sie setzen eine ideale Regierung voraus, aber nicht die Regierung bringt die Gesellschaft hervor, sondern die Gesellschaft erzeugt die Regierung (echt amerikanisch!). Und ehe nicht etwas wie wirkliche

Gleichheit in der Güterverteilung vorhanden ist, könne man auch keine ideale Regierung erwarten. . . . „In Wirklichkeit besteht kein Konflikt zwischen Arbeit und Kapital — der wirkliche Konflikt liegt heute in dem Streit zwischen Arbeit und Monopol. . . Die freie Konkurrenz erzeugt das einfachste, ausgedehnteste, elastischste und geläutertste System.“ . . .

Drittes Kapitel.

Das Verhältnis zum physiokratischen System.

Außer den Versuchen bei der Sozialdemokratie war die Bodenreform ebenfalls in ihren beiden Formen bestrebt, mit der klassischen Nationalökonomie direkte Beziehungen anzuknüpfen. Und zwar, wie es von vornherein vorauszusehen war, mit der Doktrin der Physiokraten. Die formale Seite war zu sehr in die Augen springend, die Analogie war zu verlockend, als das man sich noch genötigt sehen sollte, auf die so miteinander divergierenden Grundprinzipien einzugehen und eine richtige, dem innersten Wesen der Sache entsprechende Grenze zwischen beiden ökonomisch-sozialkulturellen Erscheinungen zu ziehen. Und eine tiefgreifende Differenz besteht, wenn auch der Plan der ausschließlichen Besteuerung des Grundbesitzes und einige Begründungen der Bodenreformer eine äußerliche Ähnlichkeit mit den Grundsätzen des Physiokratismus aufweisen.

George sagt im Buch VIII Kapitel IV seines Hauptwerkes „Fortschritt und Armut“ bei der Besprechung der Zustimmungen und Einwendungen in bezug auf die von ihm vorgeschlagene Reform: „Es hat eine Schule von Nationalökonomen gegeben, die es deutlich einsahen, daß die Einkünfte des Gemeingutes, des Grund und Bodens, zum gemeinen Nutzen appropriiert werden sollten. Die französischen Ökonomen des letzten Jahrhunderts, an ihrer Spitze Quesnay und Turgot, schlugen genau dasselbe vor, was ich vorgeschlagen habe.“ In der Überzeugung der tiefen ideellen Verwandtschaft widmet George sein 1887 erschienenes Werk „Schutz oder Freihandel“ „dem Andenken jener berühmten Franzosen des 18. Jahrhunderts, Quesnay, Turgot, Mirabeau, Condorcet, Dupont und ihrer Genossen, welche in der Nacht des Despotismus die Herrlichkeit der kommenden Tage voraussahen.“ Diese von George angeregte Analogie scheint gegenwärtig Schule machen zu wollen, und die hervorragenden und nicht hervorragenden Vertreter der Bodenreform werden nicht müde, auf die Verwandtschaft ihrer Grundsätze mit denen des physiokratischen Systems hinzuweisen. Auch die deutschen Gesinnungsgenossen des talentvollen Amerikaners, die sich, wie wir oben gesehen, in den wichtigsten Punkten von ihm entfernten, weisen auf die Physiokraten, als ihre Vorläufer, hin. In fast jedem Buche oder Broschüre, die über die Bodenreform in ihrer theoretischen Ausgestaltung traktieren (dies geschieht leider herzlich wenig), wird der „Économistes“ mit besonderer Vorliebe Erwähnung getan, der Bodenreform wird der Name Neo-Physiokratismus beigelegt und dergleichen mehr. Diese Analogie basiert auf einem ungenügend tiefen und eingehenden Studium der in Frage kommenden Lehre, und sie hat auch, näher zugesehen, keinen Halt — wenn eine Ähnlichkeit zu konstatieren ist, so beruht sie auf rein äußerlichen formellen Momenten und hat mit dem Wesen dieser beiden Doktrinen nichts zu tun. Dies zu beweisen wird die Aufgabe dieses Kapitels sein. (Ich muß zunächst eine kleine Bemerkung vorausschicken — wenn ich vom theoretischen Aufbau der Bodenreform sprechen werde, so werde ich mich hierzu auf die Theorien von Henry George, wie sie in seinen Werken: a) Fortschritt und Armut, b) Soziale Probleme, c) Zur Erlösung aus sozialer Not, und d) Schutz oder Freihandel, dargelegt sind, stützen, weil doch die Bodenreform in ihren verschiedenen Erscheinungen und theoretischen Ausgestaltungen, vorwiegend auf dem von George entwickelten konsequenten Gedankenbau basiert. Ich werde die verschiedenen Schattierungen nur insofern in Betracht ziehen, als sie dem theoretischen Aufbau etwas Neues hinzufügen.)

Wiederholt und scharf betonen George und seine Anhänger, daß ihre Lehre tief im Naturrecht wurzele und aus demselben ihre Kraft, Überlegenheit und Stütze schöpfe. Bekanntlich ist auch Quesnay einer der hervorragendsten Schüler Lockes auf diesem Gebiete gewesen. Demjenigen, der, von dieser Betrachtung ausgehend, eine Analogie zwischen diesen beiden Richtungen aufgestellt wissen wollte, muß entgegengehalten werden, daß das Naturrecht als gemeinsame Basis und Prämisse noch keineswegs für die Gemeinsamkeit der Konsequenzen Garantie leistet, denn wie vielen geradezu diametral entgegengesetzten Bestrebungen hatte das Naturrecht als Hauptbasis dienen müssen. Welche ist nun die rechtsphilosophische Grundlage des Eigentums im theoretischen Aufbau des physiokratischen Systems?

Wie schon erwähnt, fußt Quesnay in seinen naturrechtlichen Betrachtungen auf Locke — es soll damit nicht gesagt werden, daß er etwa dessen Lehre ohne weiteres übernommen hätte, denn Quesnay war ein kraftvoller Denker, „der in seiner Theorie alles Fremde völlig von seinem Geiste durchdrungen und das Verschiedenartige zu einem einheitlichen Ganzen verschmolzen hatte.“ [1] Nur das soll betont werden, daß Locke schon im Naturzustande Privateigentum annimmt und dasselbe aus der persönlichen Arbeit ableitet. Der philosophisch vollendetste Teil seiner Theorie ist, nach Hasbach, die Begründung des Privateigentums am Grund und Boden. Den ökonomischen Teil der Lockeschen Theorie hat dann Quesnay vorwiegend in seine naturrechtlichen Betrachtungen miteinbezogen.

Das natürliche, wesentliche und unveräußerliche Recht des Menschen besteht, nach Quesnay, in dem Recht auf Eigentum. Er sagt gleich an der Spitze seiner Abhandlung „Le droit naturel“ [2]: „Das natürliche Recht des Menschenk ann annähernd dahin definiert werden als das Recht, welches der Mensch auf die zu seinem Genusse geeigneten Dinge hat. . . Wenn man mich fragt, was die Gerechtigkeit ist, so werde

[1] „Die philosophischen Grundlagen der von Quesnay und Smith begründeten politischen Ökonomie“ von Hasbach.

[2] Oncken, „Œuvres de Quesnay“, 1888, p. 359.

ich antworten, daß es ein erstes und natürliches Gebot ist, anerkannt von der Klarheit des Verstandes, welches augenscheinlich bestimmt, was einem selbst oder einem anderen gehört." „Von der Natur selbst also hat der Mensch das ausschließliche Recht auf seine Person und dasjenige auf die durch seine Forschungen und Mühewaltungen erworbenen Dinge", sagt Mercier de la Rivière in seiner bekannten Schrift „L'ordre naturel et essentiel des sociétés politiques". Das Recht des Individuums auf Privateigentum geht aus seiner geistigen und körperlichen Verfassung hervor. Was das Privateigentum am Grund und Boden anbetrifft, so betonen die Physiokraten ausdrücklich seine absolute äußere und innere Notwendigkeit, indem sie in dessen Begründung mit den gleichen Argumenten wie Locke operieren — da mit dem Zunehmen der menschlichen Individuen die von der Natur gebotenen Unterhaltsmittel nicht genügen, so müsse die Erde urbar gemacht werden. In dem Momente, wo auf sie persönliche Arbeit und Mühe verwendet wird, die das ausschlaggebende Moment in der Entstehung des Privateigentums bildet, wird sie gerechterweise zum Privateigentum, und wer dies in Abrede stellen wollte, verletzt die natürlichen Rechte des Individuums.[1] Quesnay betont nun speziell das materielle Moment durch den Hinweis auf die dépenses foncières, die der Grundbesitzer bei der Urbarmachung der Erde auslegen mußte, um einen Reinertrag erzielen zu können und begründet u. a. darauf das Anspruchsrecht des letzteren auf den individuellen Besitz und Ertrag des Grund und Bodens.

„Die Grundbasis dieser Ordnung (d. h. der natürlichen Ordnung) ist augenscheinlich das Recht auf Eigentum, weil ohne das Recht auf Eigentum die Gesellschaft keinen Zusammenhang hätte und ohne Nutzen für den Überfluß der Produktion wäre" (Mercier de la Rivière). Es ist also das

---

[1] Eine Auffassung, gegen welche Mably in seinem Buche „Doutes proposés aux philosophes économistes sur l'ordre naturel et essentiel des sociétés politiques", 1768, Einspruch erhebt — ob denn die persönliche Freiheit notwendig mit dem Sondereigentum am Grund und Boden verknüpft sei? (Briefe, gerichtet an Mercier de la Rivière.)

Privateigentum und im vollsten Sinne dieses Wortes das ungeteilte Privateigentum ohne Unterschied der Qualität, die wichtigste Grundlage, die Säule der Gesellschaft. Was das individuelle Grundeigentum anbelangt, so ist es insofern ein unentbehrliches und gerechtes Institut, als es unmöglich ist, daß die Menschheit sich vermehrt, ohne daß die Kulturarbeit die Schätze der Erde erschließt. In bezug auf die Quantität des individuellen Besitzes überhaupt ist hervorzuheben, daß jedes Gesellschaftsmitglied sowohl kraft des natürlichen als auch positiven Rechtes einen Anspruch auf das droit naturel à la subsistance, auf die quantité des biens, qui lui est nécessaire pour se conserver hat. Was das darüber hinaus liegende Eigentum anbelangt, so muß dessen Aneignung der freien individuellen Erwerbstätigkeit überlassen werden. An sich ist diese Ungleichheit dem höher entwickelten Gesellschaftszustande der natürlichen Ordnung nicht zuwider, und ihrem Prinzip nach enthält sie weder gerechtes noch ungerechtes. Sie hat vielmehr etwas Positives aufzuweisen, so setzt sie dem Erwerbs- und Kulturleben höhere Ziele.

Wie wir aus den bisher gemachten Erörterungen ersehen können, erscheinen die Physiokraten als folgerichtige, vor den Konsequenzen nicht zurückschreckende Ideologen des Privateigentums im vollsten, klarsten und absolutesten Sinne dieses Wortes. Man kann überhaupt das physiokratische System nur als Produkt der Reaktion gegen die alle persönliche Initiative und die geistige und materielle Bewegungsfreiheit hemmenden und einschränkenden Tendenzen des Merkantilismus begreifen, und als solchem war bei ihm die ausschließliche Betonung des Rechts auf Freiheit und unbeschränktes, persönliches Eigentum eine psychologische Notwendigkeit. Vom rechtlichen Standpunkte aus betrachtet, erscheinen auch die Économistes als zielbewußte Verfechter der römischen Rechtsprinzipien mit seinem unbeschränkten Verfügungsrecht über das Eigentumsobjekt, wie denn überhaupt „die individualistische Naturrechtsphilosophie des 17. und 18. Jahrhunderts in erste Linie das Privatrecht stellte und das öffentliche am liebsten wohl geleugnet hätte“ (Aug. Oncken, Geschichte der Nationalökonomie). Diese scharfe Betonung des privatrechtlichen Standpunktes tritt in ausgeprägter Form weniger bei Quesnay als bei seiner Schule auf.[1]

Wie verhalten sich nun in bezug auf diesen Punkt die Bodenreformer? Wie aus ihren oben ausführlich dargelegten Prämissen erhellt, befinden sie sich eigentlich zwischen Scylla und Charybdis, indem sie mit einem Fuße im ausgeprägten wirtschaftlichen Liberalismus und mit dem anderen im Sozialismus stehen: die Institute des Privateigentums an den Produkten der Arbeit und der freien Konkurrenz werden als absolut notwendige Kategorien und das freie Spiel der wirtschaftlichen Kräfte als conditio sine qua non der ökonomischen und sozialen Entwicklung aufgefaßt. In bezug auf den Grund und Boden aber sollen diese Prinzipien keine Anwendung finden, er unterliegt nicht dem Gesichtspunkt des Privateigentums. Hier müssen sozialistische Prinzipien zur Anwendung gelangen. Wenn, um mit Hasbach zu sprechen, das droit naturel Quesnays zu einem wirtschaftlichen Naturrechte zusammengeschrumpft ist, so ist dieses wirtschaftliche Naturrecht von den Bodenreformern gespalten worden, oder, um es anders auszudrücken, während die Physiokraten logisch alle Konsequenzen aus ihren Prämissen zogen, tragen die Bodenreformer einen schwerwiegenden Dualismus in die Begriffsbildung hinein. George sagt Buch VII Kap. II seines „Fortschritt und Armut“: „Die rechtmäßige Basis des Eigentums ist das Recht des Menschen auf sich selbst, auf den Genuß

---

[1] Weder bei dem einen, noch bei den anderen tritt allerdings der Begriff der wirtschaftlichen Freiheit als absolutes Dogma der schrankenlosen Verfügungsfreiheit auf — aber in der Form eines absolut freien Eigentums können wir das letzte weder historisch noch logisch construieren — solches hat es ebensowenig wie eine absolute Freiheit der Person gegeben. Selbst das römische Eigentumsrecht, als „das vollkommene Verfügungsrecht über eine körperliche Sache innerhalb der gesetzlichen Schranken“ definiert, kennt kein absolut unumschränktes Eigentumsrecht, speziell was das Grundeigentum anbetrifft. Darüber legen die sogenannten Legalservituten Zeugnis ab, die um des öffentlichen Interesses willen die Verfügung über das Grundeigentum mehrfach einschränkten.

der Früchte seiner Anstrengungen. Dieses individuelle Recht, welches den natürlichen Tatsachen der individuellen Organisation entspringt und durch sie beglaubigt wird, rechtfertigt allein den individuellen Besitz. Dies ist nicht allein die ursprüngliche Quelle, aus der alle Begriffe eines ausschließlichen Besitzes entstehen, sondern es ist notwendig auch die einzige Quelle.“ Es kann nach George keinen rechtmäßigen Besitztitel auf irgend etwas geben, der nicht vom Besitztitel des Produzenten abgeleitet ist und nicht auf dem natürlichen Rechte des Menschen auf sich selbst basiert. In der Begründung des natürlichen Rechtes auf individuelles Eigentum stimmt bis dahin George mit den Physiokraten überein. Aber nun macht er den salto mortale, der den verhängnisvollen Dualismus herbeiführt und sagt: „Wenn die Produktion dem Produzenten das Recht auf ausschließlichen Besitz und Genuß gibt, so kann es logisch und rechtmäßig keinen exklusiven Besitz oder Genuß von etwas geben, das nicht das Produkt der Arbeit ist, und die Anerkennung des privaten Grundeigentums ist ein Unrecht.“ George geht noch weiter und sagt: „Da das Recht auf das Erzeugnis der Arbeit nicht ohne das Recht auf den freien Gebrauch der von der Natur gebotenen Vorteile genossen werden kann, so heißt die Anerkennung des Besitzrechtes auf dieselbe soviel, als das Besitzrecht auf das Produkt der Arbeit leugnen.“ Der grundlegende Unterschied liegt hier in der Auffassung des Bodens, einerseits als unbestreitbares Produkt der individuellen Anstrengungen, andrerseits als ein von der Natur gegebenes Objekt der Arbeit, das aber nie als Produkt derselben angesehen werden kann.

Es ist klar ersichtlich, daß bei einer solchen Divergenz der Auffassungen der rechtsphilosophischen Grundlagen des Bodeneigentums keine analogen Schlüsse gezogen werden können. Und in der Tat sehen wir auch, daß die individuelle Aneignung des Bodens bei den Physiokraten als ein gesellschaftsbildendes, kulturförderndes Moment aufgefaßt wird. Erst nachdem der Boden urbar gemacht wurde und ins individuelle Eigentum des Urbarmachers überging, konnte zu einer intensiveren Bodenkultur gegriffen werden, die einen Reinertrag abwarf.[1] Die Bodenreformer betrachten die Inanspruchnahme des Bodens als Privateigentum durch Usurpation ins Leben gerufen als einen Sündenfall, der in seinen Folgen alles Unzuträgliche in der sozialen Organisation mit sich brachte. Nicht wohl kann es eine leidenschaftlichere und schärfere Verurteilung dieser Institution geben als die folgende: „Die weit verbreiteten sozialen Übel, welche inmitten einer vorschreitenden Zivilisation die Menschen überall drücken, entspringen einem großen wirtschaftlichen Unrechte: der Aneignung des Landes als ausschließlichen Besitz einiger Menschen. Aus dieser fundamentalen Ungerechtigkeit fließen alle die Ungerechtigkeiten, welche die moderne Entwicklung verdrehen und gefährden, welche den Produzenten der Güter zur Armut verurteilen und den Nichtproduzenten in Luxus schwelgen lassen, welche in ihren Konsequenzen dazu führen, daß trotz der enormen Vermehrung der Produktionskraft die Arbeitslöhne überall den Löhnen der Sklaverei zustreben, welche die entwürdigende und vertierende Armut herbeiführen" und so fort.

Konsequenterweise folgt daraus, daß, während bei den Physiokraten der Anteil, der dem Grundbesitzer entfällt, gerecht und logisch aus seinen Funktionen hervorgeht — ihrer Produktivität nach sind sie ja keineswegs etwa eine classe stérile, wie es die Bodenreformer hinstellen, sondern eine classe mixte — hinsichtlich ihrer öffentlich-rechtlichen Funktionen sind sie zur unproduktiven, bezüglich ihrer ländlich-administrativen Tätigkeit zur produktiven Klasse zu rechnen, gestaltet sich bei George die Sache ganz anders, und der den Grundbesitzern zufallende Anteil ist nach ihm ein Raub an der Erwerbstätigkeit. Und während bei den Physiokraten die Rente, aus den Zinsen und der Amortisation der aufgewendeten

---

[1] Was tatsächlich schon durch die ersten Besiedlungssysteme bestätigt wird: beim Hofsystem, wo die gemeinwirtschaftlichen Faktoren mehr zurücktreten, begegnen wir schon nicht mehr der Dreifelderwirtschaft, sondern dem höheren Betriebssystem der Feldgraswirtschaft.

dépenses foncières und aus dem von der Natur freiwillig gespendeten surcroît zusammengesetzt, dadurch einen aktiven Charakter in der Hand des Grundeigentümers annimmt, daß sie zu Zwecken der Konsumtion an die ländlichen und städtischen Wirtschaftsklassen wieder ausgegeben wird, wodurch das ganze Räderwerk der Volkswirtschaft in Bewegung gesetzt wird, und je größer diese richesses disponibles, also der in der Güterverteilung auf den Grundbesitzer entfallende Anteil, desto blühender der volkswirtschaftliche Organismus, faßt George die Rente als etwas auf, was den regelmäßigen Kreislauf der Volkswirtschaft hemmt, die industriellen und kommerziellen Krisen hervorruft, und die Ungleichheit der Güterverteilung mit allen ihren sozialen, politischen und ethischen Übeln provoziert. Unmittelbar damit hängt auch die Auffassung vom Preise der Produkte der agrikolen Technik zusammen. Der Fundamentalsatz von George ist: der Grund, weshalb der Lohn trotz der Vermehrung der produktiven Kräfte stets einem Existenzminimum sich zuneigt, das nur das Notwendigste des Lebensbedarfes gibt, ist der, daß die Rente die Neigung hat, noch mehr als die Produktionskraft sich zu vermehren und derart den Lohn stets herabzudrücken bestrebt ist. Man vergleiche damit die Auffassung, die Quesnay in der Enzyklopädie im Artikel Grains (S. 301) ausspricht: „Die Städte und Provinzen eines Reiches, wo die Nahrungsmittel teurer sind, haben eine größere Bevölkerung als die, wo alle Nahrungsmittel in zu niedrigem Preise stehen, weil dieser niedrige Preis die Einnahmen verringert, den Handel zerstört.“ [1]

Aus der gleichen Quelle wie diese Divergenzen rührt logischerweise auch die Auffassung vom Grundeigentümer

---

[1] George fußt eben auf einer anderen Auffassung der Rente als die Physiokraten — sie ist für ihn nur das reine ungemischte Produkt der gesellschaftlichen Znsammenhänge. Er ist sich übrigens der Divergenz in der Auffassung der Rente bewußt: „Die Ursachen, welche in den Händen des Grundbesitzers ein Nettoprodukt zurücklassen, sagt George, wurden von den Physiokraten nicht besser erklärt als das Saugen einer Pumpe durch die Annahme eines horror vaçui seitens der Natur erklärt wird“, was ihn dann aber merkwürdigerweise nicht hindert, Analogien aufzustellen.

seitens der Physiokraten als dem neben dem Staatsoberhaupte wichtigsten und ausschließlichen Träger der politischen Macht her, der im zivilisierten Zustande von der Vorsehung dazu erwählt ist, in der Verwaltung der öffentlichen Angelegenheiten an der Spitze zu stehen und die vornehmsten Staatsämter zu versehen — ist doch erst durch die Inanspruchnahme des Grund und Bodens als privates Eigentum, durch die Auslegung der dépenses foncières, die bürgerliche Gesellsc haftmit allen ihren kulturfördernden Institutionen ins Leben gerufen worden[1] und die Auffassung dieser sozialen Gruppe seitens der Bodenreformer als des Ungeheuers, das am Marke der Gesellschaft zehrt, als eines Parasiten, der, ohne etwas zu tun, die ganzen Säfte aus derselben aussaugt.

Vom Hauptprinzip der physiokratischen Doktrin, daß der Ackerbau die einzige Quelle aller Güter sei, eine Auffassung, welche den Grundbegriff bildet, auf welchem das ganze Lehrgebäude Quesnays ruht und die Dupont de Nemours als die vornehmste Wahrheit preist, die durch Quesnay klargestellt worden sei, ist bei den Bodenreformern keine Rede. „Der Kaufmann oder Ladeninhaber ist nicht weniger Produzent, als es der Fabrikant oder der Landwirt ist, und sein Kapital ist gerade so gut der Produktion gewidmet als das ihrige.“ (George.) Sie reden alle naturgemäß vom Ackerbau als von der Basis des ganzen Wirtschaftslebens. Allein Basis und Quelle sind zwei voneinander verschiedene Begriffe, und der wichtigste Dogmenstreit in der Nationalökonomie hat sich um diese Frage gedreht — ob nur der Ackerbau oder auch Handel

[1] Louis Blanc hat Recht, wenn er sagt: „Wie glänzend ist doch die Stellung, die von den Physiokraten den Grundeigentümern zugeteilt wird! Über der produktiven Klasse thronend, ließ man ihn mit der höchsten Sozialfunktion ausgestattet sein; und um dieser zu genügen, brauchte er nichts als sein Vermögen genießen. Er allein sitzt beim Festmahle. Sein Amt ist Renten zu verzehren. Um die Tafel stehen die Handwerker, die Künstler und die übrigen sterilen Klassen. Sie bieten ihrem Herrn für die Reste des Mahles die Früchte ihres Talentes und ihrer Betriebsamkeit dar. . . Den Grundeigentümern war durch diese Theorie eine so recht den Stolz aufblasende Bedeutung verliehen, ihnen ward ein glanzvolles Leben der Muße zugewiesen.“

und Industrie als Quellen des Wohlstandes angesehen werden dürfen. Daß der Ackerbau die Basis der Volkswirtschaft ist, darin war man einig.[1]

Man könnte jedoch einwenden, daß die Differenzen in dem Zustandekommen der Rente und in der Produktivität der übrigen Erwerbsarten, die zwischen den Physiokraten und George bestehen, nicht so hoch zu bewerten seien, wenn man bedenkt, daß der letztere im 19. Jahrhundert lebte und wirkte, in einer Epoche, wo die Theorie des Perpetuum mobile auf das Stoffliche übertragen, wie A. Oncken es in seiner Abhandlung „Entstehen und Werden der physiokratischen Theorie“, 1896, prägnant ausdrückt, durch Justus von Liebig zerstört wurde, wodurch das von letzterem wissenschaftlich begründete System der „freien Wirtschaft“ oder des industriellen Betriebes, der Landbau aufgehört hat, eine Sphäre mit eigenen monopolistischen Naturgesetzen zu sein, und wo der Boden einzig seinem Kapitalwerte nach ökonomisch in Betracht kommt. Ich bin damit einverstanden — es ist auch meine Überzeugung, daß auf Grundsätze zurückzugreifen, denen die Charakterzeichen ihrer Zeit in so ungewöhnlichem Grade aufgeprägt sind, und die eine positive Überwindung durch den geschichtlichen Entwicklungsgang erfahren haben, soviel ist, als geschichtliche Tatsachen der Evolution im menschlichen Sein und Denken zu verkennen.

Ich übergehe hier die kleineren Differenzen, die sämtlich in der grundverschieden prinzipiellen Gesamtauffassung wurzeln und komme zum Hauptprogrammpunkt der Bodenreformer, zu ihrem positiven Vorschlage der ausschließlichen Bodenbesteuerung, der zwar eine auffallende formelle Ähnlichkeit mit einem wichtigen Postulat des physiokratischen Systems aufweist, inhaltlich aber von demselben aufs schärfste abweicht.

Was bezwecken die Bodenreformer mit ihrem Vorschlag, der einen konsequenten Ausfluß ihres theoretischen Aufbaues darstellen soll? Kurz gefaßt wäre es so zu formulieren: Da der Grund und Boden ursprünglich Gemeingut war und

---

[1] Vgl. Oncken, „Geschichte der Nationalökonomie.“ 1902.

seiner ganzen Beschaffenheit zufolge auch nichts anderes sein kann, da ferner die private Aneignung desselben nur auf dem Wege der Usurpation geschehen konnte, das Eigentum dieser Kategorie also auf ungerechter und unrechtmäßiger Basis beruht, so ist dieses tausendjährige Unrecht dadurch abzuschaffen, daß die Grundrente, deren Zustandekommen ja einzig und allein auf die gesellschaftlichen Zusammenhänge zurückzuführen ist, und die nie das Produkt individueller Anstrengungen sein kann, wieder an ihren ursprünglichen Besitzer, an die Gemeinschaft, zurückerstattet wird. Da dem diplomatischen Prinzip Georges zufolge große Veränderungen am besten unter alten Formen zuwege gebracht werden können, so soll das Land nicht ohne weiteres für die Gemeinschaft konfisziert oder angekauft werden, sondern es soll nach Abschaffung aller anderen Abgaben eine einzige mit der Entwicklung der Gesellschaft progressiv steigende Steuer auf den Grund und Boden angelegt werden, welche die ganze Rente absorbieren soll. Durch die Appropriation der Rente auf dem Wege der Besteuerung für die Gemeinschaft werden Recht und Gerechtigkeit zur Geltung kommen, und die zum Verhängnis für die gesamte Kultur heranreifende Störung des Gleichgewichts wird beseitigt werden.

„Die Steuer auf die Landwerte . . . ist die Verwendung von Gemeingut zu Gemeinzwecken . . . Durch sie nimmt der Staat zum Nutzen des Staates denjenigen Wert, der von ihm selbst geschaffen ist.“ (George.)

Die Physiokraten haben ihre Forderung des impôt unique et direct aus ganz anderen Prämissen abgeleitet. Dieses Postulat ist bei ihnen in erster Linie nicht eine auf äußeren Momenten basierende Forderung, sondern fließt konsequent, wie Wirkung aus Ursache, aus ihrer ökonomischen Gesamtanschauung hervor. Bekanntlich lautete die viel berufene Benennung der dritten Klasse im sozialen Aufbau der Physiokraten, der Klasse der Manufakturisten und Handelsleute, classe stérile. Als bloß umwandelnd oder ortsverändernd könne die letztere auf den Charakter der Produktivität nicht Anspruch erheben. Nicht als ob ihre Leistungen wertlos wären, allein der von ihnen erzeugte Wert wird durch den während der Arbeit geschehenen Nahrungsaufwand kompensiert. Reichtumerzeugend, d. h. einen Überschuß über die Produktionskosten ergebend, ist einzig und allein der Boden, und er hat daher von Rechts wegen die Abgaben an den Staat zu zahlen, und dies um so mehr, als weder der Arbeitslohn noch die richesses d'exploitation der Pächter, von denen ein Abzug sich durch eine Verminderung des Reinertrages rächen würde, in Anspruch genommen werden dürfen. Ein wichtiges Moment ist bei der Bodenbesteuerung auch die Erwägung, daß, wie Quesnay es in den Maximen näher auseinandersetzt, in welcher Weise die Abgaben auch auferlegt sein mögen, sie immer von den Landstücken getragen werden müssen, denn jede andere als die Grundeigentümerklasse hat die Möglichkeit, die auf sie gelegte Steuer von sich abzuwälzen. Der besitzlose Arbeiter wälzt sie mit den Kosten seines Unterhaltes auf denjenigen ab, der ihn beschäftigt. Das Gleiche tut die sterile Klasse, welche unter der Herrschaft der natürlichen Ordnung ja ebenfalls nur ihren angemessenen Lebensunterhalt bezieht und von der die Abgabe im Wege des Aufschlages auf die Warenpreise, sowohl der produktiven wie der Grundbesitzerklasse zugeschoben wird. Was dann die produktive Klasse auf solche Weise verliert, muß sie am produit net kürzen — das hemmt aber den regelmäßigen Kreislauf der gesamten Volkswirtschaft und führt in seinen weiteren Folgen zum Verfall (dépérissement). Es ist daher viel angemessener und zweckmäßiger, die Abgabe da gleich zu erheben, wo sie schließlich nach ebenso kostspieligem wie belästigendem Umwege doch hinfällt. Daher die Maxime V, welche die ganze Steuertheorie Quesnays zusammenfaßt. „Die Steuer muß unmittelbar auf den Reinertrag der Grundstücke gelegt werden, und nicht auf die Löhne der Menschen, noch auf die Lebensmittel, anders werden die Erhebungskosten vervielfältigt, der Handel geschädigt und jährlich ein Teil der Reichtümer der Nation vernichtet." Wir sehen, die prinzipielle Motivierung des Physiokraten ist grundverschieden und hat nichts Gemeinsames mit jener der Bodenreform.

Aus der Gesamtauffassung der Physiokraten erhellt ferner, daß sie absolut nicht feindlich dem privaten Rentenbezug gegenüberstanden. „Der Boden," sagt Quesnay, „soll nicht nur diejenigen ernähren, welche ihn bebauen, er soll auch dem Staate den größten Teil seiner Hilfsmittel, dem Klerus den Zehnten, den Besitzern Einkünfte liefern." Durch das impôt unique wollten sie in keiner Weise die ganze Grundrente absorbieren. Turgot nennt einmal die Grundbesitzer „eine Klasse, welche den allgemeinen Bedürfnissen dienen könne, so wie z. B. der Krieg und Rechtspflege, sei es durch persönliche Dienste oder durch Entrichtung eines Teiles ihrer Einkünfte."

Wir haben gesehen, daß die beiderseitigen Prämissen und Konsequenzen der besprochenen Doktrinen scharf voneinander divergieren, und daß man kein auf konkreten wissenschaftlichen Tatsachen beruhendes Recht hatte, dieselben zu identifizieren.

Wenn wir von den Einzelheiten abstrahierend und von der induktiven zur deduktiven Beweisführung übergehend, die ausschlaggebenden grundlegenden Tendenzen beider Richtungen, kurz zusammengefaßt gegeneinander stellen wollten, so könnten wir sagen: Die Physiokraten als klare und konsequente Repräsentanten der römischen Rechtsprinzipien, die Bodenreformer als typische Repräsentanten derjenigen Strömung, die den Entartungstendenzen der Grundsätze des jus utendi et abutendi durch Hineintragung der germanischen Rechtsprinzipien einen Damm errichten wollen — sie können weder in ihren Prämissen, noch ihrem innersten Wesen nach in ihren Postulaten logischerweise etwas Gemeinsames aufweisen. Es gibt wohl keinen größeren Gegensatz als derjenige ist, der zwischen römischer und germanischer Welt- und der durch sie bedingten Rechtsanschauung besteht.

Was nun speziell die Bodenreform in ihrer gegenwärtigen Gestaltung anbelangt, so besteht hier infolge ihrer Bestrebung, einen Teil der Grundrente für die Gemeinschaft in Anspruch zu nehmen, ein größerer Anreiz zur Durchführung von Analogien zwischen ihr und der physiokratischen Doktrin.

An der 14. ordentlichen Hauptversammlung des Bundes der deutschen Bodenreformer (1904) in Darmstadt leitete Damaschke den Geschäftsbericht, als Bundesvorsitzender, mit folgenden geschichts-theoretischen Auseinandersetzungen ein: „Es sind jetzt gerade 130 Jahre her, daß zum erstenmal ein ausgesprochener Bodenreformer, ein Physiokrat, zum Leiter eines großen Staates berufen wurde — Ludwig XVI. von Frankreich berief den bewährten Verwalter der Provinz Limousin, Turgot, ins Ministerium . . . Mit der anwachsenden Bedeutung der deutschen Bodenreformbewegung wächst auch die Notwendigkeit, uns in große historische Zusammenhänge hineinzustellen. Wir haben das seit Jahren getan, indem wir die Bodenreform stets als die Neo-Physiokratie bezeichnet haben. Je weiter sich unsere Bewegung vertieft, desto weniger wollen wir diesen Zusammenhang lassen. Wir bekennen uns zu unseren geistigen Ahnen . . . indem wir in der Realisierung ihrer großen Grundsätze auch für unsere Zeit den Weg zu organischer Aufwärtsentwicklung sehen.“ Allein so plausibel die Sache auch auf den ersten Blick erscheinen mag, eine objektive Erforschung der beiderseitigen Prämissen und Tendenzen muß jede ideelle Verwandtschaft aufs entschiedenste ablehnen.[1]

Und dies gereicht den Bodenreformern zum Vorteil und nicht zum Nachteil, denn wenn sich eine Analogie an den wichtigsten Grundprinzipien auch durchführen ließe, die Bodenreform wäre zur völligen Unproduktivität verdammt. Im 20. Jahrhundert, im Jahrhundert des ausgeprägtesten Kapitalismus, der weitgehendsten und eindringlichsten Analyse der Funktionen, Tendenzen und Konsequenzen des Kapitals von einer ausschließlichen Produktivität der agrarischen Produktionssphäre sprechen und die letztere konsequenterweise zur ausschließlichen Trägerin der sozialen Lasten machen zu

[1] R. Eberstadt weist auf ein Verwandtschaftsmoment hin, nämlich auf die Betonung der sozialen Seite der Bodenrechtsordnung bei beiden Systemen, wenn man bezüglich der Bodenreformer die Bezeichnung „System“ anwenden darf. („Die Bodenreform und ihre neuere Entwicklung“, Bl. vergl. Rechtswiss. 06. 4.) Diese Verwandtschaft ist aber zu weitläufig.

wollen — das würde auf die intensivste und offenkundigste Weise gegen die Logik der konkreten Tatsachen verstoßen. In erstem Punkte hätten schon die Physiokraten des 18. Jahrhunderts, wenn auch halb unbewußt, instinktmäßig die Bodenreformer des 20. Jahrhunderts überflügelt — es wird von ihnen nämlich überall mit Nachdruck die größere Produktivität der grande culture gegenüber der petite culture betont. Und das ist nichts anderes als eine Anerkennung der Produktivität des Kapitals als solchen, denn die grande culture, die nach englischem Muster zugeschnittene Fermage unterscheidet sich von der petite culture durch planmäßige Arrondierung größerer Bodenflächen, durch Anwendung von besseren technischen Produktionsmitteln, Meliorationen usw.

Und wenn im 18. Jahrhundert die Verlegung des Forschungsgebietes nach dem Entstehen des Mehrproduktes aus der Sphäre der Zirkulation in die Sphäre der Produktion einen kolossalen Fortschritt bedeutete, so würde im 20. Jahrhundert die Verlegung der Entstehungssphäre des Mehrproduktes einzig und allein auf das Gebiet der agrarischen Rente, einen ebenso großen logischen und theoretischen Rückschritt darstellen. Und wenn das Postulat der ausschließlichen Besteuerung des Grund und Bodens in jener ökonomisch nicht ausgebildeten Periode als logische Konsequenz der theoretischen Prämissen von der ausschließlichen Produktivität des Grund und Bodens erscheint, so stellt es in einer Periode ausgebildeter kapitalistischer Produktion eine Verhöhnung der grundlegenden Prinzipien der modernen Steuerpolitik, gegen das Prinzip der Leistungsfähigkeit und das der Gegenleistung dar. Die entlastete Industrie und die allein belastete Rente wäre in unserer kapitalistischen Epoche ein Nonsens.

Ich glaube, die Bodenreform, die doch so viel Gewicht auf die „praktische Arbeit“, auf die nüchterne Auffassung der sozialökonomischen Phänomene, auf die möglichst organische Anpassung an die konkret gegebenen Verhältnisse legt, würde besser tun, auf die Analogie mit den Physiokraten zu verzichten. Was im 18. Jahrhundert als Wahrheit erscheinen konnte, ist es im 20. Jahrhundert nicht mehr, und was in jener Epoche als „Weg zur organischen Aufwärtsentwicklung“ seine relative Berechtigung in der sozialökonomischen Struktur der Gesellschaft hatte, kann jetzt keinen Anspruch auf solche erheben. Die jeweilige soziale Konstruktion und Organisation ist keine logische, sondern eine historische Kategorie, und das Rad der Geschichte geht nicht rückwärts, sondern vorwärts.

Viertes Kapitel.

Kritischer Teil.

Bei einer Kritik der Bodenreform müssen drei Gesichtspunkte voneinander getrennt werden:

1. Die Bodenverstaatlichung als Mittel zur Lösung der sozialen Frage im allgemeinen Sinne, in ihrem Gesamtumfange;
2. die Bodenverstaatlichung als Mittel zur Verbesserung der Agrarzustände im besonderen — vom Standpunkte der Gesamtwirtschaft;
3. die Bodenreform „der kleinen Mittel".

Was speziell den ersten Punkt anbelangt, so hat die tiefe, vernichtende Kritik, die an dessen Prämissen und Konsequenzen durch die Sozialdemokratie und Theoretiker anderer Lager ausgeübt wurde, unwiderlegbar bewiesen, daß von einer Lösung des sozialen Problems durch die Beseitigung der Grundrente im Ernst nicht die Rede sein kann. Man kann sich des Gefühles nicht erwehren, daß man es hier mit einer Halbheit in optima forma zu tun hat. Wenn man von einer radikalen Verurteilung der Ungleichheit in der Verteilung der Güter ausgeht, so muß diese Prämisse, in logischer Konsequenz weiter verfolgt, zum Sozialismus führen; und wenn die Bodenreformer auf die Schroffheiten des extremen Sozialismus verzichten, so geben sie dafür auch die unleugbaren Vorteile desselben preis. Wenn die soziale Frage gelöst werden soll, so ist es wenigstens konsequent, die Axt an die Wurzel der ganzen heutigen Produktionsweise zu legen und nicht an Zins und Rente herumzupfuschen. Mit Recht sagt Anton Menger in seinem „Recht auf den vollen Arbeitsertrag“: „Sowohl unser heutiges System des Privateigentums und der Vertragsfreiheit, welches das arbeitslose Einkommen unbedingt zuläßt, wie auch der Sozialismus, welcher dasselbe ebenso entschieden verwirft, beruhen auf einer konsequenten Weltanschauung; dagegen streiten die sozialpolitischen Systeme, welche unseren heutigen Gesellschaftszustand aufrecht erhalten und nur das arbeitslose Einkommen einzelner Bevölkerungsklassen zugunsten anderer Gesellschaftskreise vermindern oder beeinträchtigen wollen, wider alle Billigkeit und Gerechtigkeit.“

Die Lehre von der Bodenverstaatlichung als Mittel zur Lösung des sozialen Problems ist nichts weiter als ein kolossales Mißverständnis fundamentaler ökonomischer Wahrheiten. Die Warenproduktion, also die Geldwirtschaft, also der Privatbetrieb ökonomischer Geschäfte bestimmen die wirtschaftliche Position des Arbeiters, schaffen den Lohnarbeiter als eine besondere Bevölkerungskategorie. Das individuelle Eigentum an Produktionsmitteln in jeder Gestalt hat die gleichen Tendenzen und Konsequenzen, gleichviel ob sein Gegenstand Land oder Dampfmaschine oder wie immer heißt. Durch das Staatseigentum am Grund und Boden bei Beibehaltung der kapitalistischen Produktionsweise in allen Produktionssphären, wäre nichts wesentliches geändert, Kapitalzins und Unternehmergewinn würden nach wie vor in ihren arbeitsfeindlichen Funktionen als Mehrwertsaneigner bestehen bleiben, nicht einmal die Beseitigung des privaten Grundrentenbezuges wäre gesichert. Dies würde nur dann eintreten, wenn man die heutigen Grundbesitzer ohne Entschädigung expropriierte. Wie kann aber eine Gesellschaft, welche die Unantastbarkeit des Eigentums zu ihrem Grundprinzip machte, in solcher Weise vorgehen? Die Geldwirtschaft und sogar die freie Konkurrenz aufrecht erhalten und dennoch die soziale Frage lösen wollen, •das ist „die Republik mit dem König an der Spitze, das ist die Gedankenfreiheit mit einem unfehlbaren Papste.“ [1]

Eine Versöhnung des Individualismus mit dem Sozialismus herbeiführen zu können, rühmen sich die Bodenreformer. „Das ist der Friede zwischen Sozialismus und Individualismus: die Grundrente soziales Eigentum, Kapital und Arbeit aber der freien individuellen Betätigung anheimgegeben.“ (Flürscheim.) Aber, wie Diehl richtig bemerkt [2], ist ein solcher Kompromiß schon dem Wesen der Sache nach hier unmöglich. Das Prinzip des Individualismus ist nicht festgehalten, denn gerade die Eigentümlichkeit des Privateigentums am Grund und Boden, die ihm die mächtigste Stütze verleiht, daß dadurch nämlich das Streben des einzelnen angereizt und gefördert wird, möglichst reiche Früchte der eigenen Tätigkeit zu ernten, ist nicht gewahrt im Staatspächtersystem. Anderseits kommt aber auch nicht der Sozialismus zu seinem Rechte, denn die privatwirtschaftliche Produktionsweise bleibt sonst ungehindert und erfüllt nach wie vor ihre Funktionen. „George und Flürscheim sind nicht die Gesetzgeber der Zukunft, denn in ihren Ideen liegt keine Konsequenz, keine Spur einer neuen sozialen Auffassung.“ (Platter, Ethik des Landbesitzes.)

Was nun den zweiten Punkt anbelangt, die Verstaatlichung des Grund und Bodens nicht als sich genügender Selbstzweck, sondern als Mittel zur Besserung der Agrarzustände, so muß hier hervorgehoben werden, daß in diesem Falle der Absolutismus und Kosmopolitismus der Theorie logischerweise eine Beschränkung erfahren muß, insofern als man hier mit der spezifisch gegebenen Agrarverfassung der jeweiligen sozialen Organisation zu rechnen und innerhalb dieser mit ihren spezifischen Eigentümlichkeiten ausgestatteten Einheiten auch zwischen zwei verschiedenen Kategorien eine Grenze zu ziehen hat: zwischen dem ländlichen und städtischen

---

[1] Platter, „Die deutsche Landliga“ von 1887.

[2] „Zur neuesten Literatur über die Verstaatlichung des Grund und Bodens“ von K. Diehl. Jahrbücher für Nationalökonomie und Statistik von Conrad. 1892.

Grundeigentum. Die Agrarverfassung im Sinne der Besitzverteilung des Grund und Bodens unter die einzelnen sozialen Gruppen muß das ausschlaggebende Moment in der Beurteilung der Zweckmäßigkeit der Bodenverstaatlichung sein. Wo der Grund und Boden sich im Eigentum einer relativ kleinen Anzahl von Personen befindet, wie in Großbritannien, speziell in Irland, wo der Grundbesitz ein Monopol von wenigen in der Hauptsache ausländischen Personen ist, welche die ackerbauenden Kleinpächter durch Zwischenagenten aussaugen, in gewissen Gebieten Norddeutschlands, Böhmens, Mährens, Galiziens, Ungarns, Süditaliens und Siziliens, wo mancherorts das Latifundienwesen noch eine extensive Wirtschaftsform im Gefolge hat, wäre eine Beschränkung desselben durch Bodenverstaatlichungsmaßregeln vom Standpunkte der Gesamtwirtschaft aus vielleicht geboten, während aus denselben Zweckmäßigkeitsrücksichten in Ländern mit gut verteiltem Grundeigentum, wie etwa im Süden und Westen Deutschlands, in der Schweiz[1] und in Frankreich die Bodenverstaatlichung als Mittel zur Besserung der Agrarverhältnisse entschieden abgelehnt werden muß. Ganz abgesehen vom psychologischen Moment, das ja auch einen überaus wichtigen Faktor darstellt, kommt hier die Steigerung der Grundrente auch ohne Bodenverstaatlichung mittelbar und unmittelbar einem sehr großen Bruchteile der Bevölkerung zustatten. Und vom Standpunkte der Produktivität wäre hier auch nichts einzuwenden.

Es ist allerdings im ersteren Falle zu bemerken, daß, da das System der bürgerlichen Grundrentenverstaatlichung mit dem System der Verpachtung des verstaatlichten Bodens materiell identisch ist, den betreffenden Preiskampf nur derjenige beherrschen könnte, der kapitalkräftig genug wäre, um die höchste Grundrente an den Staat am leichtesten zu zahlen, und auch die Möglichkeit besäße, obendrein Kapital zur Pro-

[1] August Oncken hat in seiner Erwiderung auf den Vortrag von Schär in der Zeitschrift für schweizerische Statistik trefflich nachgewiesen, daß politisch und sozial die Schweiz ein ganz anderes Gepräge erhalten würde bei einer Bodenverstaatlichung, und zwar nicht zugunsten der „größten Zahl“.

duktion zu verwenden. Da mit dem Aufhören des Grundrenteneinkommens ein nicht unbeträchtlicher Teil der im Boden investierten Kapitalien aus dieser Anlage herausgenommen wird, wodurch ländliche Arbeitskräfte überflüssig werden, da mit dem Privateigentum am Grund und Boden auch der Realkredit fortfallen wird, so wird dadurch dem mit Kapital nicht ausgestatteten Bewerber vollends die Möglichkeit genommen, seine Arbeitskraft am Grund und Boden zu betätigen. Es würden sich bei der Beibehaltung des Prinzips der freien Konkurrenz bei dem Staatsboden noch manche Mißstände ergeben. Mit der Umwandlung zu Zeitpächtern wäre die Wirtschaftslage und Lebensstellung der ländlichen Bevölkerung nicht mehr von ihrer werbenden Tätigkeit am Boden allein, sondern ganz vorwiegend von dem zufälligen jeweiligen Ausfall der in kurzen Zwischenräumen sich vollziehenden Pachtversteigerungen und von der dabei sich ergebenden Pachtzinshöhe abhängig. Durch die stetig absolut und relativ zunehmende Volkszahl müßte sich auf die Dauer eine intensive Tendenz zur Parzellierung herausbilden. Die auf den Grund und Boden angewiesenen Elemente der Bevölkerung sähen sich zur steten Verkürzung der Pachtzeiten, zur wachsenden Unsicherheit des Verbleibs im Pachtgenuß und zu steigenden Pachtzinsen mit der Folge zunehmender Auswucherung zugunsten der Gesamtheit verurteilt.[1] Der technische Fortschritt würde zweifellos gehemmt, denn der Kleinpächter sähe sich notgedrungenermaßen zur rücksichtslosen Ausbeutung der Pachtobjekte gedrängt — alles Momente, die mit den allgemeinen volkswirtschaftlichen Produktionsinteressen in schärfstem Gegensatze stehen. Es muß außerdem noch ein sehr wichtiger Faktor berücksichtigt werden: wenn der Staat einerseits in seiner gegenwärtigen Konstruktion und Machtverteilung der Gesamteigentümer des Grund und Bodens ist, so kann er leicht seine Machtstellung zu fiskalischen oder politischen Zwecken mißbrauchen (man kann darin Schäffle

---

[1] Siehe hierzu „Grundzüge der deutschen Agrarpolitik" von A. Buchenberger. 1897.

bis zu einem gewissen Grade beistimmen, wenn er meint, der Staat als Grundmonopolist würde ein harter Rentier sein), wenn er andrerseits auf die Grundrente zur Bestreitung seiner Ausgaben angewiesen ist, so ist auf die äußerst schwankende Konjunktur gerade dieser Produktionssphäre hinzuweisen, wodurch das staatliche Budget einen durchaus unsicheren Charakter gewinnt.

Alles Gesagte bezieht sich auf die bürgerliche Verstaatlichung, d. h. die Verstaatlichung des Grund und Bodens bei den gegebenen politischen Verhältnissen und bei gleichzeitiger Beibehaltung des Prinzips der freien Konkurrenz auch in dieser Produktionssphäre. Ganz anders sowohl in bezug auf seine mittelbaren als auch unmittelbaren Folgen würde sich allerdings die Sache gestalten, wenn bei weitgehender ausreichender demokratischer Kontrolle der Boden sozialisiert, d. h. durch Produktivgenossenschaften in Kultur genommen würde, wobei jede Konkurrenz ausgeschlossen und eine gedeihliche Entwicklung der Produktion und des technischen Progresses gesichert wäre.

Was nun die Unterscheidung zwischen der städtischen und ländlichen Grundrente anbetrifft, so stehen wir in Westeuropa keineswegs immer einer steigenden, sondern oft einer stationären, ja selbst sinkenden ländlichen Grundrente gegenüber. So ist z. B. das aus der Verpachtung des Grundeigentums im Vereinigten Königreiche fließende Einkommen von 1880—94 von 69 383 066 £ auf 52 463 477 £ gesunken.[1] Und obwohl in Deutschland das Sinken der ländlichen Grundrente durch Agrarschutzzölle künstlich aufgehalten wird, haben sich doch bei den zur Neuverpachtung kommenden preußischen Staatsdomänen gegenüber den bisher erzielten Pachten Ausfälle ergeben.[2] Und wie Herkner mit Recht in seiner „Arbeiterfrage“ betont, ist noch nicht mit Sicherheit vorauszusehen, wie sich in Zukunft die Entwicklung des Getreidebaues gestalten wird, ob wir bereits den Zenit der Agrarkrisis

---

[1] Statistical Abstract for the United Kingdom. 1903.

[2] Siehe Conrad, Schriften des Vereins für Sozialpolitik. LXXXX.

und auswärtiger Konkurrenz überschritten haben, oder ob nicht vielleicht durch neue Fortschritte im Verkehrswesen weitere Besiedelungen und Kolonisationen, sogar noch eine beträchtliche Vergrößerung der Zerealienproduktion eine Verschärfung des Preisdruckes und somit eine weitere Senkung der Rente zu erwarten sei. Anders gestaltet sich das Problem bei dem städtischen Grund und Boden. Da liegen oft empörende Mißstände vor, da fällt die oft rapid anschwellende Bodenrente einer relativ kleinen Zahl Bevorzugter zu, und da würde eine diese Übelstände beseitigende Steuerreform als geboten erscheinen. Somit werden wir zur dritten Kategorie übergeleitet, zur Bodenreform „der kleinen Mittel", die die städtische Bodenrente zum ausschließlichen Bekämpfungsobjekt sich erkoren hat. Was diese letzte Entwicklungsphase der Bodenreform anbetrifft, so muß man in vielen Punkten ihren Forderungen zustimmen, namentlich wo auf eine stärkere Heranziehung des unverdienten Wertzuwachses zu den Staatslasten tendiert wird.[1] Manche ihrer Postulate sind so sehr unabweisbare Aufgaben der praktischen Politik, daß sie nur ausgesprochen werden müssen, um von Repräsentanten weit voneinander divergierender politischer und sozialer Richtungen akzeptiert zu werden. Manche wieder bedürfen aufs dringendste einer kritischen Revision, und diese ist uns im Werke von A. Weber[2] in sehr eingehender Weise gegeben. Aber eben diese weitgehende Annehmbarkeit der Postulate legt deutliches Zeugnis dafür ab, daß sie nicht in das Wesen des Problems eindringen, daß sie an der Oberfläche der Erscheinungen haften, und wenn es sich, um mit Mill zu sprechen, darum handelt, die Lage eines Volkes auf die Dauer zu heben, so erzeugen kleine Mittel nicht einmal kleine Wirkungen, sondern überhaupt keine.

---

[1] Siehe „Die Besteuerung der Gebäude und Baustellen" von Karl Keller.

[2] Bodenrente und Bodenspekulation in der modernen Stadt.

FSC
www.fsc.org
MIX
Papier | Fördert gute Waldnutzung
FSC® C083411

Kolibri 360 GmbH
Ferdinand-Jühlke-Straße 7
99095 Erfurt, Deutschland
produktsicherheit@kolibri360.de

Druck:
CPI Druckdienstleistungen GmbH
im Auftrag der
Kolibri 360 GmbH
Ferdinand-Jühlke-Str. 7
99095 Erfurt